高质量发展背景下
河北省谷子产业发展研究

GAOZHILIANG FAZHAN BEIJINGXIA
HEBEISHENG GUZI CHANYE FAZHAN YANJIU

董海荣　张新仕　刘　丽　著

中国农业出版社
北　京

图书在版编目（CIP）数据

高质量发展背景下河北省谷子产业发展研究 / 董海荣，张新仕，刘丽著. —北京：中国农业出版社，2024.1

ISBN 978-7-109-31473-3

Ⅰ. ①高… Ⅱ. ①董… ②张… ③刘… Ⅲ. ①谷子－作物经济－产业发展－研究－河北 Ⅳ. ①F326.11

中国国家版本馆 CIP 数据核字（2023）第 236768 号

中国农业出版社出版

地址：北京市朝阳区麦子店街 18 号楼
邮编：100125
责任编辑：郭银巧 李 蕊
版式设计：王 晨 责任校对：吴丽婷
印刷：北京中兴印刷有限公司
版次：2024 年 1 月第 1 版
印次：2024 年 1 月北京第 1 次印刷
发行：新华书店北京发行所
开本：700mm×1000mm 1/16
印张：11.75
字数：210 千字
定价：65.00 元

前 言
FOREWORD

谷子是我国一种传统的栽培作物，长期以来，在我国北方地区人们的饮食结构中占据着重要地位。尽管随着小麦、玉米、稻谷等大宗粮食作物进入人们餐桌，谷子的消费量骤减，并由此带来整体种植面积下降，但由于其抗旱耐瘠、水分利用率高、适应性广等特点，仍然是我国丘陵山区及部分旱作区的特色优势栽培作物，对当地农户家庭生计改善、贫困缓解、土地利用率提高和产业振兴发挥着重要作用。

党的十九大提出乡村振兴战略，坚持农业农村优先发展，按照产业兴旺、生态宜居、乡风文明、治理有效、生活富裕的总体要求，加快推进农业农村现代化。2018 年中央 1 号文件《中共中央国务院关于实施乡村振兴战略的意见》对实施乡村振兴战略进行了全面部署，对提升农业发展质量、推进农村绿色发展和打好精准脱贫攻坚战提出了更高的要求。乡村振兴，产业兴旺是基础。河北省是我国谷子生产、消费和贸易大省，近年来省委省政府积极响应党中央国务院的号召，在推进谷子产业发展方面做出了积极的努力。河北省人民政府办公厅《关于加快转变农业发展方式的实施意见》要求优化粮食作物内部结构，以市场为导向，以提质增效为目的，因地制宜发展谷子等杂粮杂豆；在山地、丘陵、黑龙港等严重缺水地区扩大抗旱、耐盐碱的"张杂谷"等优质谷子和高粱等杂粮作物种植面积，建设优质杂粮产业带；坝上地区建设特色杂粮产业带。为了贯彻落实省委省政府《关于持续深化"四个农业"促进农业高质量发展的行动方案（2021—2025 年）》《关于大力推进重点产业高质量发展的实施意见》和农业农村部办公厅《农业生产"三品一标"提升行动实施方案》，河北省针对本省重要产业发展制定了相关的产业集群推进方案，其中谷子产业亦在重点建设之列，相继制定并出台了《河北省优质谷子产业集群 2021 年推进方案》《河北省优质谷子产业集群 2022 年推进方案》和《河北省谷子产业全产业链发展实施方案》，以加快谷子产业科技创新，推进谷子产业全产业链高质量发展。通过打造高端产品品牌、培育"三品一标"基地、建设优质谷子重点园区等带动全省谷子产业实现跨越式发展。总体上而言，河北谷子产业发展尽管取得了一定成绩，其种植面积和总产量在经历了多年的跌落后，近几年整体走势开始趋于平稳，但是仍然存在产业发展水平不高，市场竞争力不强，生产布局有待进一步优化，上规模、成体系的产业集聚区不多而且优势不突出，效益不高和精简化栽培滞后导致农民种植意愿不高，对农民增收和区域经济发展带动作用非常有限等方面的系列问题。因此，对谷子产业发展进行系统分析，在梳理其发展成效基础上，甄别其背后存在的问题及原因或影响因素，对破解产业发展瓶颈、促进产业发展具有积极的作用。

本书在相关统计数据及实地跟踪调研数据分析基础上，基于相关产业发展理论，以产业链为主线，融合农业生产"三品一标"和"四个农业"发展理念，从河北省谷子生产发展总体情况分析、河北省谷子品种创新及推广、河北省谷子生产效率及综合效益分析、河北省谷子加工与贸易、河北省谷子产品消费情况分析、河北省农户谷子生产行为选择、河北省谷子产业高质量发展的问题及影响因素和高质量发展背景下河北省谷子产业发展的对策建议等几个方面，对高质量发展背景下河北省谷子产业发展进行了探讨。本书既适合于相关农业经济研究领域的研究生或学者作为从事农业产业研究的参考书目，也适用于相关农业管理部门决策者或相关人员阅读。

时间仓促，书中尚有很多不足之处，恳请各位专家、学者给予批评指正。

著 者

2023 年 3 月

目 录
CONTENTS

1 | 绪　　论

1.1　研究背景及意义

1.1.1　研究背景

十八大以来，党中央高度重视农业生态文明建设，农业绿色发展和资源节约环境友好型社会建设均取得了积极进展。但是，也必须关注到，当前的农业面源污染和生态环境治理还处在治存量、遏增量的关口，还需继续推进农业绿色转型发展。河北是全国农业大省，有着近652万公顷耕地，但是耕地中旱地、半干旱地占比超过六成，且盐碱地、瘠薄地分布广泛。在水资源极度短缺与土地生态极度脆弱的农业发展环境下，推动农业种植结构调整优化，以农业节水、保护环境为目标，将休耕绿养相结合，适度发展谷子种植，推进旱作农业发展已成为当前河北省在地下水超采区和丘陵山地推进农业绿色高质量的发展的重要选择之一。

河北省是我国谷子生产和消费大省。近几年来，全省谷子种植面积和产量都位居全国前列，仅次于内蒙古自治区和山西省，位于全国第三位，2020年全省谷子种植面积近13万公顷，占全国谷子种植总面积的14.29%；谷子单产水平达到3 301千克/公顷，高于全国3 098.5千克/公顷的平均水平。谷子种植已成为河北省谷子主产区农户家庭收入和居民饮食结构的重要组成部分。尤其是"十三五"以来，为了应对水资源短缺问题，河北省积极推进农业种植结构调整、实施地下水压采和季节性休耕试点项目、支持和推进旱作雨养项目，这些项目的实施和推进对稳定和发展谷子生产起到了非常积极的作用，为当地农户增收提供了很好的助力。

此外，河北省积极响应国家号召，大力扶植谷子等杂粮产业的发展，依托国家谷子改良中心、河北省农林科学院谷子研究所等科研单位，不断研发优质新品种，建设优质谷子示范基地，推进标准化生产，依托龙头企业提升谷子产品收贮、加工和销售能力，培育河北省谷子优质品牌，产业优势和产业竞争力不断得到提升。

2017年，党的十九大首次提出"高质量发展"概念，随之2018年《政府工作报告》正式提出高质量发展理念，农业农村部等7个部门于2019年印发了《国家质量兴农战略规划（2018—2022年）》，2020年和2021年中央1号文件中分别提到"推进农业高质量发展""坚持创新驱动发展，以推动高质量发展为主题，全面推进乡村振兴，加快农业农村现代化"。为了落实国家关于农业高质量发展相关工作部署和农业农村部办公厅《农业生产"三品一标"提升行动实施方案》，河北省委省政府印发《关于持续深化"四个农业"促进农业高质量发展的行动方案（2021—2025年)》《关于大力推进重点产业高质量发展的实施意见》，并针对本省重要产业发展制定了相关的产业集群推进方案，其中谷子产业亦在重点建设之列，推进河北省谷子产业的高质量发展已经被提上全省农业高质量发展的重要日程。然而，实际的产业调研发现，现阶段河北省谷子产业"大"而不强，生产管理、产品加工、品牌建设等各个环节仍然存在着诸多问题，气候灾害带来的生产不确定性和相关政策引导很容易引起谷农生产积极性的下降，一定程度上阻碍了河北省谷子产业的持续、稳定和高质量发展。从全产业链视角系统审视全省谷子产业发展的现状，甄别发展背后潜在的问题及深层次原因，对进一步推进全省谷子产业持续、稳定高质量发展具有重要的理论和现实意义。

1.1.2 研究意义

（1）**理论意义**。将全产业链发展理论及产业经济相关理论实际应用到河北省谷子产业发展研究中，通过定性与定量研究相结合、实证研究与规范研究相结合、宏观分析与微观探究相结合等，从河北省谷子生产基本情况着手，基于农业生产"三品一标"基础上对全省谷子产业发展涉及的各个环节进行剖析，挖掘其高质量发展存在的问题及原因。本研究丰富了产业经济研究的内容范畴，拓展了其研究的思路。

（2）**现实意义**。通过对河北省谷子产业高质量发展面临问题的剖析，从产业布局优化、品种与技术创新、消费需求引领、产业链拓展、产业经营模式创新、农民利益保护等方面提出推进产业高质量发展的对策建议，可以为政府决策提供借鉴，为地方谷子产业发展规划提供指导。

1.2　研究文献综述

1.2.1　高质量发展的内涵

高质量发展是在新发展理念指导下对我国经济社会发展方向的重大调整（任保平，2021），从经济学角度看，高质量发展既有西方经济发展理论的影子，又有马克思经济发展理论的本质，是经济发展的目标而非路径（韩雷和钟静芙，2021）。高质量发展是经济增长质量的组成部分，经济增长应该是在平衡和协调中发展，而不是以牺牲质量为代价的强势增长（亚诺什·科尔奈，1988）。社会主义的经济增长包括速度和质量两个方面，经济增长除了包括生产资料数量的增多、产量的增长，还应包括产品质量的提升、生产效率的提升以及消费品效果的增长等（卡马耶夫，1983）。另外，经济高质量增长是指以提高生产率和技术进步为动力的经济增长，对人力资本和劳动者技能提出了更高的要求，人是经济发展的必要参与者和主要动力，经济发展的最终目的也是改善人民的生活（德尼·古莱，2003），这说明高质量发展还具有推进科技创新、提升人力资本的内涵（Lucas，1988；徐现祥等，2018；余泳泽等，2019）。

张军扩等（2019）认为，党的十九大报告并未指出高质量发展的本质，更多体现的是发展阶段论，具有明显的战略性。目前国内有关高质量发展的研究成果主要分为两类：一类侧重从实际应用角度探索如何实现高质量发展；另一类则是从经济学理论角度出发，阐述高质量发展的内涵（杨瑞龙，2018）。不同学者对其内涵和实现路径的研究侧重点各有不同，而且高质量发展的内涵是在实践中不断发展的（安淑新，2018；许思雨和薛鹏，2018）。通过查阅文献发现从目前已有的研究来看，国内学者主要从以下几个角度对高质量发展进行了界定：

一是从经济发展新常态的视角。部分学者认为，高质量发展是更加时代化、精确化、具体化的"新常态"论断，具体表现为经济发展方式更加高效集约、经济发展动力更强且可持续、经济结构更加合理这三方面（赵大全，2018；杨伟民，2018；秋缬滢，2018）。

二是从社会矛盾变化和新发展理念的视角。相关研究者认为我国社会主要矛盾发生改变必然要求经济发展作出相应调整从而与之适应（田秋生，2018）；高质量发展要以新发展理念为行动原则，坚持创新、协调、绿色、开放、共享，以满足人民日益增长的美好生活需要为立足点（刘志彪，2018；冯俏彬，2018）。综合来讲，这一角度下的高质量发展对民生的关注度更高。

三是从供求和投入产出的视角。该视角的相关研究者认为，目前国内的供求关系矛盾日益突出，社会供给由原来的数量不足转向质量不匹配，低端产品供给无法满足日趋高端化的消费需求（张立群，2017）。在此背景下，王珺（2017）将高质量的内涵由微观扩展到宏观，认为整个供给体系都要有质量、有效益、有活力，而不是单一产品或服务达到先进标准。这一观点是对高质量发展更充分的认识，得到了国内人士的广泛认可，并纷纷就此角度提出高质量发展的实现路径（李伟，2018；王一鸣，2018；林兆木，2018；胡敏，2018）。

四是从宏观中观微观的视角。从宏观角度看，高质量发展着眼于国民经济整体的质量和效率，要求减少生产要素的投入、降低资源环境成本并且具有良好的经济效益和社会效益（胡敏，2018）；从中观角度看，高质量发展具体体现为区域或者产业经济发展的整体性、协同性、包容性和开放性，要求实体经济、科技创新、现代金融和人力资源相互促进、协同发展（赵大全，2018）；从微观角度看，高质量发展主要是指以产品和服务高质量为主导的生产发展（刘迎秋，2018）。

五是从社会问题的角度。高质量发展可以通过识别经济社会发展中突出的不平衡、不充分问题来界定，诸如城乡区域发展不平衡、收入分配差距较大、风险过度积聚、环境污染严重、创新能力不足的发展都不是高质量发展；反之，促进实现共同富裕、防范化解风险、创新驱动和人与自然和谐共生的发展就是高质量发展（赵昌文，2017）。

1.2.2 有关农业高质量发展的研究

国外虽然没有明确提出农业高质量发展的概念，但是农业发展质量一直以来都备受关注；国内自 2017 年年底提出"质量兴农"后，2018 年又明确了"质量兴农、绿色兴农、品牌强农"的工作思路，都体现了我国高度重视农业高质量发展，相关研究也逐渐丰富。梳理国内外学者的研究成果发现，有关农业高质量发展的研究主要集中在以下几个方面：

一是对农业高质量发展内涵的探究。张露等（2020）提出，"减量、保产、高效和增收"是我国农业高质量发展的本质内涵；谷洪波等（2019）从产品质量、产业结构、科技创新、绿色发展、经济效益及社会效益六个维度解释了农业高质量发展的内涵；王兴国等（2020）认为，农业高质量发展应该遵循新发展理念，以质量和效益为价值取向，以"满足人民日益增长的美好生活需要"为根本目的。

二是农业高质量发展的评价体系的构建。国内部分学者基于新发展理念构建了包括农业"创新水平、协调水平、绿色水平、开放水平、共享水平"五个维度的农业高质量发展的评价指标体系（刘涛等，2020；黎新伍和徐书彬，2020；方大春和马为彪，2019；陈晓雪和时大红，2019）；也有学者分别以绿色发展、提质增效、产业多元融合和规模化生产为基础（辛岭和安晓宁，2019），以经济发展、社会进步、开放创新、生态友好、人民生活等为基础（张博雅，2019），以经济活力、创新效率、绿色发展、人民生活、社会和谐为基础（李金昌，2019），构建我国或某个地区农业高质量发展评价指标体系对其农业发展水平进行评价分析。

三是农业高质量发展影响因素的研究。研究者们从不同的视角出发对影响农业高质量发展的因素进行了探讨。夏显力等（2019）认为，市场需求和数字技术是农业高质量发展的驱动力；Lukpanova等（2020）认为，金融和气候因素会影响农业的发展；Kuswardhani等（2019）通过区位商法和因子分析法，研究得出营销、质量、生产、资本和技术五个因素会对农业发展造成显著影响。

四是农业高质量发展实现路径的探讨。以往研究者主要着眼我国农业高质量发展面临的困境和问题，提出了实现农业高质量发展的路径。比如孙江超（2019）提出要推动要素流动、实施规模经营、调整产业结构等促进农业提质增效从而推动农业高质量发展；路燕等（2021）认为实现农业高质量发展必须要坚持科技创新引领；Smirnova等（2020）认为要把提高劳动生产率作为农业产业高质量发展的主线；文璐（2021）认为应该推进产业链建设；曹永生（2021）提出了"一新"驱动、"两优"先行、"三产"融合、"四品"提升、"五减"支撑、"六化"同步的果业高质量发展路径；王瑞峰等（2020）融合国家粮食安全新战略来研究中国粮食产业高质量发展路径；Bingyan（2020）提出要从规模、品牌、外向度等方面推动农业高质量发展。

1.2.3　有关谷子产业及其高质量发展的研究

谷子种植历史悠久，目前国内外有关谷子等小粒粟类作物产业发展的研究已经较多。国外一些学者认为，小粒粟类作物因其耐干旱、耐瘠薄和对气候环境适应力强的特点，在非洲干旱半干旱地区解决粮食安全问题上做出了巨大贡献（Alexander，2017；Dube 等，2021）。Tapiwa（2019）、Phiri（2019）等认为，想要充分利用谷子这种小杂粮作物解决当地粮食短缺的问题离不开政府的政策支持和对农民的培训，提升其生产的抗灾能力，以确保产量增加。Muthamilarasan 等（2020）认为在仍然存在饥饿的热带地区，这类作物很有可能成为新的主食作物。

梳理国内外已有的研究成果发现，有关谷子及小粒粟类作物产业发展研究主要集中在以下三个方面：

第一，产业化经营的重要性研究。项洪涛等（2018）认为，谷子作为一种小杂粮，其产业化发展有别于大宗粮食作物，需要有一个科研、生产、加工、贸易等环节相互支撑、良性互动、协调发展的模式；薛庆锋等（2019）针对河南省谷子产业发展的特点，分析其谷子生产现状及限制性因素，提出谷子产业化开发的思路；李青（2016）深入剖析了山西沁县沁州黄谷子产业面临的各种难题，提出了全面推进沁县谷子产业化经营发展是破解问题的重要路径。

第二，从全产业链视角探究产业发展问题和对策。李顺国（2012）和李海峰（2018）从品种推广和生产概况等方面分别阐述了河北省和河南省谷子产业的发展现状和问题，并且从新品种选育和提升技术等方面提出促进谷子产业持续健康发展的对策建议；胡永青等（2019）从培育推广优良品种和建设标准化生产基地等方面提出促进河北省谷子产业发展的对策建议；马玥（2020）运用 Logistic 回归模型分析了影响河北省谷子种植户新品种选择行为的影响因素，并尝试引导谷子种植户做出理性的品种选择行为，从而促进谷子产业的发展；靳晋峰（2019）分析了山西陵川县谷子产业的发展现状及问题，提出要加快实现谷子产业的规模化生产、集约化经营；郭晋襄等（2014）针对我国谷子产业存在深加工水平普遍较低、产品类型和数量有限等问题提出了解决对策；武慧倩（2020）探究了山西省谷子加工专业化和规模化方面的问题，并提出了对策建议；王强（2000）、程汝宏（2010）和杜亚军等（2016）也都纷纷主张积极研发谷子的精深加工产品，丰富产品种类，拓宽谷子市场领域，推进谷子产业多元化发展；Pravallika 等（2020）和 Minati 等（2021）着眼谷子产品销售问题，探究了影响其市场价格的因素，并指出谷子市场潜力巨大，要进一步开拓市场、解决谷子市场问题才能更好地调动谷子种植户的生产积极性。

第三，基于形势分析对谷子产业发展态势进行探究。张雪峰（2013）通过分析中国谷子产业发展的现状，探究了谷子产业发展的运行机制和技术经济效益，并对制约其发展的影响因素进行了分析，提出了相应对策建议；李顺国等（2014）从谷子种植面积、布局、品种、加工、消费等方面介绍了我国谷子产业的现状，分析了其存在的问题和发展趋势；李瑜辉等（2019）从特色农业现代化进程角度提出，在新形势、新常态下，完成传统农业向现代农业的转变是谷子产业发展的根本所在；张云等（2015）认为在谷子产业化发展过程中要注重品牌建设，挖掘文化价值，才能使谷子产业的发展保持活力和动力。此外，还有学者主张围绕"四个农业"的发展要求，从品种、种植、加工、品牌、文化等全产业链一体化不断推进做大做强做优谷子产业集群，提高谷子产业发展质量（李顺国和刘恩魁，2021；刘恩魁，2021；王逸涵，2021；郭连伟，2021）。

综上所述，国内外众多学者对经济增长质量和发展的内涵进行了探讨。在十九大明确提出"高质量发展"这一理念后，国内相关研究呈现井喷之势，学者们从不同角度对高质量发展进行了研究，也各有侧重。在有关农业高质量发展的研究方面，国内外学者主要从农业高质量发展的内涵、评价体系、影响因素和实现路径几方面作出了研究，但大多是在宏观层面上，也有学者将研究对象具体到某一农业产业，进一步丰富了有关农业高质量发展研究的内容。针对谷子产业高质量发展的研究虽有涉及，但是数量不多，系统性不强，为本研究在高质量发展这一背景下探讨河北省谷子产业发展问题提供了创新的空间。

1.3 研究方法与数据来源

1.3.1 研究方法

（1）**文献研究法**。一是通过梳理国内外相关文献、电子报刊、农业书籍等资料，了解当前国内外相关研究领域的最新进展，从中寻找本研究的创新点和研究空间，从而搭建本研究的框架；二是研读和提取相关文献、统计年鉴、公报等资料中有价值的信息作为本研究的部分基础资料，为构建支撑本研究的论据框架提供基础。

（2）**半结构访谈和问卷调查法**。一方面通过科学的问卷设计和抽样分析获取研究对象最新的信息资料，来支撑针对本研究中各主题的主要观点；另一方面通过对典型区域、典型事件等涉及的关键人物进行深入访谈，获取对有关问题更为深入的认知和了解，以佐证和进一步完善一般调查形成的结论。

（3）**计量分析法**。借鉴前人研究，以相关理论和描述性统计分析为基础，通过搭建计量模型，用量化的方法将部分研究结论进行呈现，使其更具有科学性和精准性。具体计量方法的选择和应用在各部分内容中具体说明。

1.3.2 数据来源

本研究数据来源主要有三个途径：一是多年来实地调查数据，包括团队成员近年来在各地设置的固定监测点数据和问卷调查获取的数据；二是来源于公开的官方统计数据和统计年报，主要涉及历年《中国农村统计年鉴》《河北农村统计年鉴》《中国农业年鉴》《河北省第三次全国农业普查数据核定和相关历史数据修订汇编》《河北省农产品成本调查资料汇编》《河北省水资源公报》《河北省气候评价公报》，以及河北省各地市《统计年鉴》、中国绿色食品发展中心农产品"三品一标"统计公报及统计数据等；三是开放的大数据平台，主要涉及中国种业大数据平台、一亩田、惠农网等农产品行情大数据平台。

2 │ 河北省谷子生产发展总体情况分析

谷子生产是谷子产业发展链条的第一个环节，也是最为重要的一个环节，它关系着谷子产品的质量、品牌建设和整个产业的高质量发展。可以说，了解谷子生产现状是从事谷子产业相关分析和研究的基础。本部分主要从谷子生产地位，河北省谷子生产动态、空间布局、集中度与规模指数、生产的比较优势分析，识别生产环节存在的优势、问题等。

2.1 谷子生产的地位

2.1.1 谷子生产在我国粮食生产中的地位

谷子作为我国的一种传统粮食作物，在消费领域经历了从人们的餐桌主食到辅食的变迁。改革开放以来，随着我国经济的飞速发展和城镇化推进，耕地面积虽有减少，但保持在可控范围之内，使得我国粮食生产维持了一个相对的平衡。同时受农业科技进步的影响粮食生产总量实现了大幅增长，从 1985 年的 37 910.8 万吨，增加到了 2020 年的 66 949.2 万吨，增幅高达 76.60%，尤其是 2003 年之后粮食生产基本实现了连续的增产；但是谷子的种植面积和总产量在 2013 年之前基本呈现了持续下降的趋势，2014 年开始有所恢复，种植面积和总产量在粮食中的占比呈现出与面积和产量相同的动态变化趋势，种植面积和产量在粮食中的占比分别从 1985 年的 3.05% 和 1.58% 下降到了 2013 年的 0.62% 和 0.29%，此后随着人们膳食结构改善和种植结构调整相关政策的推进，从 2014 年开始通过 7 年的时间其在粮食中的占比分别恢复到 2020 年的 0.78% 和 0.42%，谷子产业发展正在稳步推进。

2.1.2　河北省谷子生产在全国的地位

图 2-1 和图 2-2 显示，20 世纪 80 年代以来，河北省谷子生产表现出了与全国基本趋同的动态变化趋势，同时也不难看出河北省的谷子生产

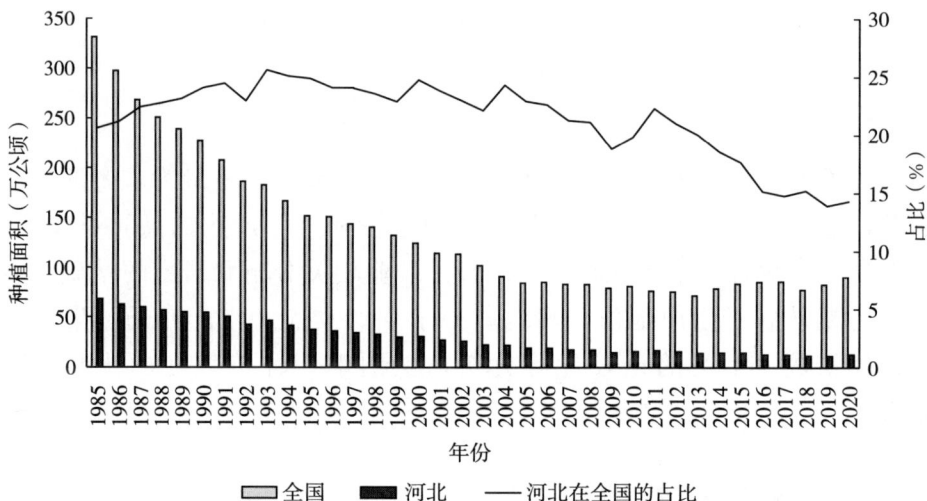

图 2-1　河北省谷子种植面积及其在全国的占比

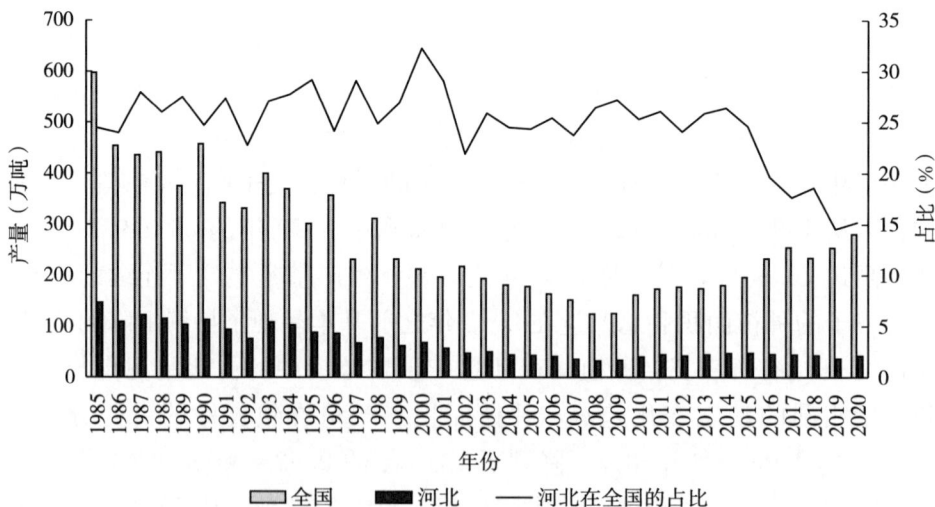

图 2-2　河北省谷子产量及其在全国的占比

数据来源：1986—2021 年《中国农村统计年鉴》。

一直在全国居于重要地位，种植面积和产量占全国谷子种植面积和产量的比例一直维持在 1/5 左右，但是近几年来下滑趋势明显，无论种植面积还是产量均由曾经的全国第一位次下降到第三位次，居于内蒙古自治区和山西省之后。河北省谷子种植面积比例在 2013 年之前基本维持在 20％以上，之后出现明显一路走低态势，占比从 2013 年的 20.05％下降到 2019 年的 13.92％，2020 年稍有回升，调整到 14.30％；产量占比稍高于面积占比，2015 年之前基本维持在 22％以上，之后出现一个断崖式下滑，其后几年均在 20％以下，2015—2019 年间产量在全国的占比从 24.62％下滑到 14.57％，2020 年稍有回升，调整至 15.21％。总体来看，受政策、技术、气候、生产者心态等多方面因素影响，河北的谷子生产发展近几年虽然发展相对平稳，但是总体上滞后于内蒙古和山西两个主产省份。

2.2 河北省谷子生产动态分析

2.2.1 河北省谷子生产及其对粮食安全的贡献

河北省是我国十三大粮食主产省份之一，河北的粮食生产除了稻谷、小麦、玉米三大主粮作物外，薯类和杂粮杂豆也占据着比较重要的地位。图 2-3 和图 2-4 可以看出，在国家及省级宏观政策调控下，河北省的粮食种植面积年际间虽有波动，但是基本控制在一个相对平稳的变化态势下，但是粮食总产量受技术进步和政策调控等的影响，从 1985 年的1 966.6 万吨，增加到了 2020 年的 3 795.9 万吨，增幅高达 93.02％，尤其是 2003 年之后粮食基本实现了连续的增产，个别年份有所下调但均属微幅波动。而谷子作为河北省最重要的杂粮作物之一，其种植面积和总产量却呈现了日趋下降的趋势，分别从 1985 年的 68.4 万公顷和 146.2 万吨下降到了 2020 年的 13.0 万公顷和 42.7 万吨，降幅分别达 80.99％和70.79％；种植面积和总产量在粮食中的占比分别从 1985 年的 10.54％和7.43％下降到了 2020 年的 2.03％和 1.12％，这个比值虽然远高于全国0.62％和 0.69％的平均水平，但是并不能改变谷子在河北省粮食安全中地位日趋萎缩的态势。

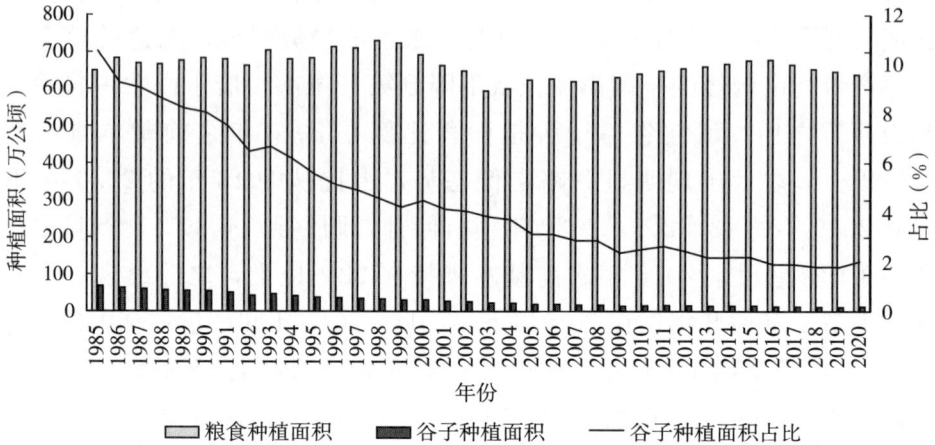

图 2-3　河北省粮食和谷子种植面积对比动态

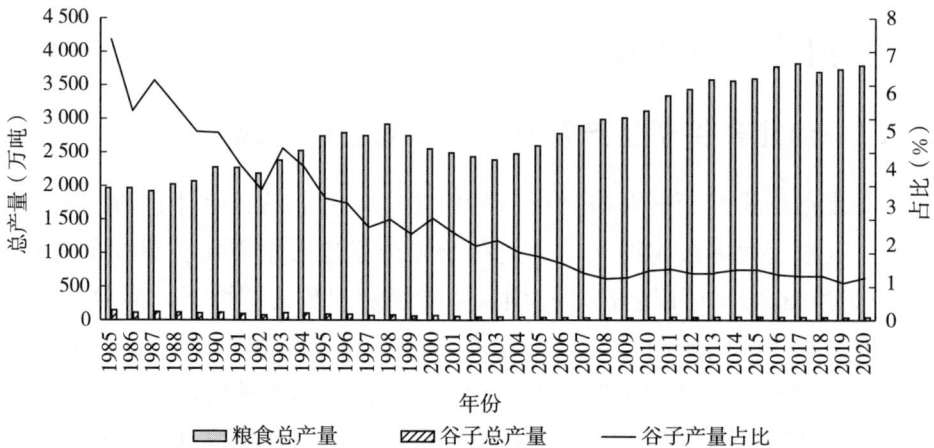

图 2-4　河北省粮食和谷子产量对比动态

数据来源：1986—2021 年《中国农村统计年鉴》。

2.2.2　河北省谷子单产水平变化动态

近年来随着一系列高产优质谷子新品种的研发和推广，以及相关配套栽培管理技术的应用，谷子的单产水平得到了快速提升。图 2-5 显示，1985—2007 年期间，河北省谷子单产水平基本在 1 700～2 360 千克/公顷之间，整体上略高于全国谷子单产平均水平基本在 1 500～2 200 千克/公顷。受气候等自然灾害因素影响，年际间波动比较频繁，2008 年出现一个最低点，当年河北省和全国谷子单产水平分别为 1 870.96 千克/公顷和 1 495.14 千克/公顷，此后十几年的时间里谷子单产水平呈现持续的快速提升态势，到 2020 年全国谷子单产水平持续提升到 3 098.91 千克/公顷，比 2008 年翻了一倍多，河北省谷子单产水平 2018 年达到最高水平 3 682.43 千克/公顷，比 2008 年提高了 96.82%，受干旱和连续阴雨等高强度灾害性天气影响，2019 年和 2020 年单产水平有所下调，2020 年单产水平 3 297.30 千克/公顷，仍比全国当年的单产水平 3 098.91 千克/公顷高出 6.40%。由此可以看出，河北省的谷子生产在综合技术水平上高于全国平均水平，具有较强的技术竞争力。

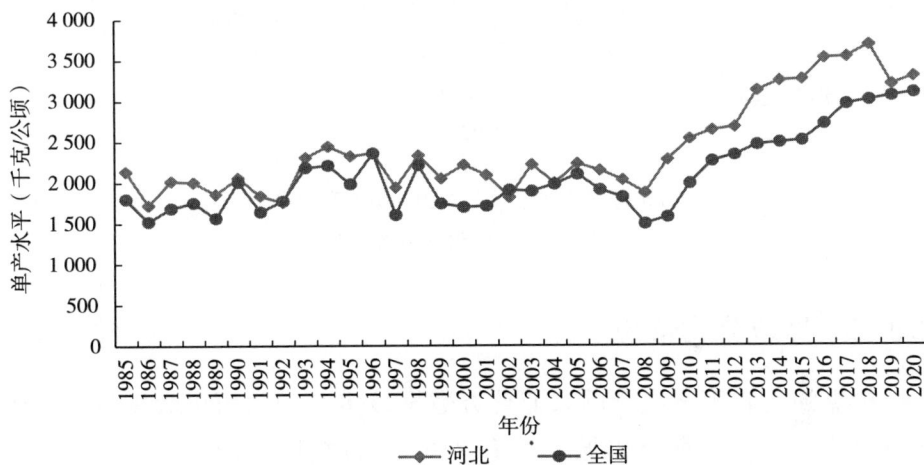

图 2-5　全国及河北省谷子单产水平的动态变化

数据来源：1986—2021 年《中国农村统计年鉴》。

2.3　河北省谷子生产空间布局

2.3.1　市域分布情况

河北省谷子生产分布比较分散，几乎在各个地市的农村均有种植。根据 2021 年《河北农村统计年鉴》的数据（图 2-6）显示，全省谷子生产主要集中在邯郸、张家口、邢台、承德、石家庄 5 市，其谷子种植面积累计约占到全省谷子种植面积的 80%，其他 6 个地市（含辛集和定州 2 个直管县级市在内）仅占 20% 左右。由此也可以看出，河北省基本形成了富有特色的谷子优势产区，谷子生产布局的集中度与集聚度都比较高，这对推进谷子产业集群化发展具有重要意义。

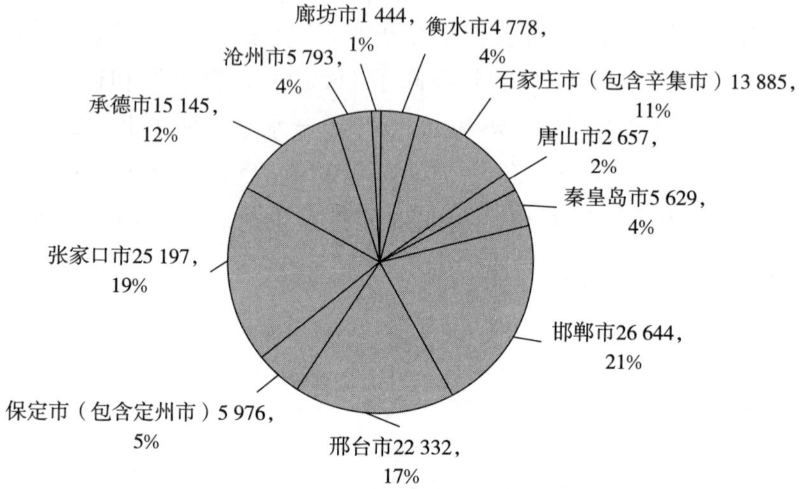

图 2-6　河北省谷子在市域范围的种植面积（公顷）及占比

数据来源：《2021 河北农村统计年鉴》。

2.3.2　县域分布情况

根据河北省第三次全国农业普查数据核定和相关历史数据修订汇编统计结果显示，目前全省城乡共有 216 个行政县（区），其中 144 个县（市、区）有谷子种植，种植面积在 600 公顷以上的县（市、区）49 个（图 2-7），武安市、蔚县、围场满族蒙古族自治县、阳原县、南宫市、赤城县、丰宁满族自治县、宣化区、青龙满族自治县、广宗县、威县、涉县 12 个县（市）种植面积较大，均在 2 000 公顷以上。武安市作为粟文化的发源地和"中国小米之乡"一直是河北省谷子种植面积最大的县，21世纪以来常年谷子种植面积基本维持在 1.5 万公顷以上，2019 年武安谷子种植面积 1.75 万公顷，占河北省谷子种植总面积的 15.15%。近年来，谷子生产作为地方特色产业在武安、蔚县、围场、阳原等传统谷子种植大县的农村脱贫和乡村振兴中都发挥了重要作用，产业规模化和集群化发展也正在有条不紊地向前推进。

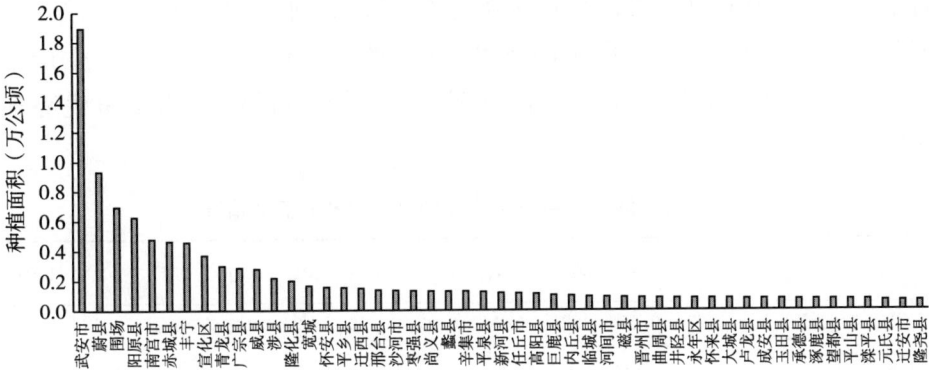

图 2-7　河北省万亩* 以上谷子种植县

资料来源：《河北省第三次全国农业普查数据核定和相关历史数据修订汇编》2017 年数据。

2.4　河北省谷子生产的集中度与规模指数分析

以《中国农村统计年鉴》数据为基础，通过测算生产集中度指数（PCI）和生产规模指数（PSI）从产量和种植规模两个角度分析河北省谷子生产发展的基本情况。

2.4.1　生产集中度指数

生产集中度指数（PCI）指某地区给定年份某种农产品的产量占国内该产品总产量的比例，该指标较为直观地显示各地区对某种农产品总产量贡献的变化趋势。其计算公式为：

$$PCI_{ij} = Y_{ij} / \sum Y_{ij} \qquad (2-1)$$

式中：Y_{ij} 为 i 省农作物 j 在给定年份的产量，$\sum Y_{ij}$ 为全国农作物 j 在给定年份的总产量。

从全国范围来看，河北省是谷子主产区，对全国谷子总产量贡献较大，2019 年河北省谷子的生产集中度指数为 0.15，排名位居全国第三位。从时间跨度上来看，近年来河北省谷子生产集中度指数稳中有降，2007—2015 年河北省谷子生产集中度指数稳定在 0.25 左右，2016 年以

---

* 亩为非法定计量单位，1 亩=1/15 公顷。下同——编者注

后下降到 0.20 以下，2019 年下降为 0.15；其排名由 2007 年的第一，下降到 2015 的第二，再次下降到 2018 年的第三位（表 2-1）。生产集中度指数的日趋走低，说明了河北省谷子生产在行业内的竞争优势在下降。

表 2-1　河北省谷子生产集中度指数及其变动情况

年份	2007	2008	2009	2010	2011	2012	2013	2014	2015	2016	2017	2018	2019
PCI	0.24	0.26	0.27	0.25	0.26	0.24	0.27	0.26	0.24	0.20	0.18	0.19	0.15
位次	1	1	1	1	1	1	1	1	2	2	2	3	3

2.4.2　生产规模指数

生产规模指数（PSI）是指 i 地区给定年份农作物 j 播种面积占全国农作物 j 播种面积的比例。其计算公式为：

$$PSI_{ij} = GS_{ij} / \sum GS_{ij} \qquad (2-2)$$

式中：GS_{ij} 为 i 地区农作物 j 在给定年份的播种面积，$\sum GS_{ij}$ 为全国给定年份农作物 j 的总播种面积。

从全国范围来看，河北省谷子生产规模具有相对优势，2019 年谷子的生产规模指数为 0.14，排名位于全国第三位（仅次于内蒙古自治区和山西省）。从时间跨度上来看，2007—2019 年河北省谷子生产规模指数及排名均呈下降趋势，而且其生产规模指数具有明显的阶段性特征：第一阶段（2007—2015 年）生产规模指数稳定在 0.20 左右，第二阶段（2016—2019 年）生产规模指数下降到 0.15 左右，相对应的生产规模指数排名由 2007 年的第二位下降到 2019 年的第三位（表 2-2）。生产规模指数的下降从另一个侧面说明了整个产业发展规模出现相对萎缩的态势。

表 2-2　河北省谷子生产规模指数及其变动情况

年份	2007	2008	2009	2010	2011	2012	2013	2014	2015	2016	2017	2018	2019
PSI	0.21	0.21	0.19	0.20	0.22	0.21	0.21	0.20	0.19	0.15	0.15	0.15	0.14
位次	2	2	3	3	2	3	2	3	3	3	3	3	3

2.5 河北省谷子生产的比较优势分析

根据 2011—2019 年统计数据，选取全国谷子种植面积最大的六个省份，分别测算各省规模优势指数（SAI）、效率优势指数（EAI）、综合优势指数（AAI），通过横向比较来分析河北省杂粮种植的比较优势。

规模优势指数（SAI）是指某一区域特定农作物播种面积占该地区的粮食作物播种面积的比例与全国该比例的平均水平对比关系。该指数反映了一个地区某种农作物生产的规模化程度和专业化程度。规模优势指数的大小是该区域自然资源禀赋、社会经济条件、种植结构、市场需求等因素相互作用的结果，一般而言，在一定时期内，产品规模越大，越说明存在市场需求，从而可以将市场需求转化为经济效益。其计算公式为：

$$SAI_{ij} = (GS_{ij}/GS_i)/(GS_j/GS) \qquad (2-3)$$

式中：SAI_{ij} 表示 i 地区的农作物 j 生产规模比较优势指数；GS_{ij} 表示 i 地区农作物 j 的种植面积；GS_i 表示 i 地区粮食作物种植总面积；GS_j 表示全国农作物 j 的种植面积；GS 表示全国粮食作物种植总面积。SAI_{ij} 越大，i 地区农作物 j 规模比较优势越明显。

效率优势指数（EAI）是指某地区某种农作物的土地产出率（单位面积产量）与该地区全部农作物的平均土地产出率的比值，及其与全国该比率平均水平的对比关系，用以考察该地区该农作物生产效率的相对优势。其计算公式为：

$$EAI_{ij} = (AP_{ij}/AP_i)/(AP_j/AP) \qquad (2-4)$$

式中：EAI_{ij} 即为 i 地区农作物 j 的效率优势指数，AP_{ij} 为 i 地区农作物 j 单位面积产量；AP_i 为 i 地区区全部农作物单位面积产量；AP_j 为农作物 j 全国平均单产；AP 为全国农作物平均单产。EAI_{ij} 越大，说明 i 地区农作物 j 的效率比较优势越明显。

综合优势指数（AAI）是反映农作物种植比较优势的综合指标，是效率优势指数和规模优势指数的综合运用。由于农作物种植的比较优势既与效率有关，又与规模有关，二者缺一不可，任意一个因素的劣势将对该地区该农作物种植的总体比较优势产生一定程度的负向作用。综合优势指数是效率优势指数与规模优势指数乘积的几何平均数。其计算公式为：

$$AAI_{ij} = \sqrt{SAI_{ij} * EAI_{ij}} \qquad (2-5)$$

式中：AAI_{ij} 为 i 地区农作物 j 的综合优势指数，$AAI_{ij} > 1$，表明与全国水平相比，i 地区种植农作物 j 具有综合优势，该指数越大，综合优势越明显。

从表 2-3 测算结果显示，从全国范围来看，河北省谷子生产具有比较明显的规模、效率和综合优势，其 2011—2019 年谷子生产规模、效率和综合优势指数均值分别为 3.20、1.23 和 1.97。选取全国谷子种植面积最大的六个省份，通过横向对比发现，河北省谷子的规模优势指数排名第三，仅次于山西和内蒙古。河北省谷子效率优势指数排名第二，仅次于吉林省。河北省谷子综合优势指数排名第三，位居山西和内蒙古之后。由此可见，总体上来看，河北省谷子生产规模与效率比较优势均高于全国平均水平，属于"双高优势品类"——高规模优势-高效率优势（$SAI > 1.0$；$EAI > 1.0$），河北省谷子生产近几年从势头上虽然稍弱于内蒙古和山西，但从全国层面来看其生产仍具有较强竞争力。

表 2-3 2011—2019 年全国六大谷子主产区谷子生产规模优势指数、效率优势指数和综合优势指数

项目		2011	2012	2013	2014	2015	2016	2017	2018	2019	均值
规模优势指数（SAI）	山西	8.49	8.56	9.15	8.50	8.33	8.44	8.58	9.48	9.45	8.78
	内蒙古	3.80	4.21	3.80	4.67	5.04	4.71	4.74	4.03	4.27	4.36
	河北	3.93	3.71	3.77	3.54	3.33	2.66	2.62	2.72	2.50	3.20
	陕西	2.67	3.00	3.08	2.92	2.88	2.91	3.04	3.42	3.14	3.01
	辽宁	2.22	1.73	1.73	1.80	1.56	1.51	2.14	2.39	2.50	1.95
	吉林	1.02	1.09	0.99	1.02	1.01	1.10	1.14	0.78	1.16	1.03
效率优势指数（EAI）	山西	0.80	0.77	0.84	0.96	0.89	0.92	0.93	1.01	1.03	0.91
	内蒙古	1.31	1.21	0.98	0.97	1.18	1.09	1.29	1.22	1.24	1.17
	河北	1.20	1.18	1.28	1.32	1.35	1.29	1.16	1.22	1.04	1.23
	陕西	1.14	0.97	0.94	1.25	1.06	0.87	0.82	0.79	0.76	0.96
	辽宁	1.24	1.12	1.02	1.12	1.12	1.09	1.04	1.00	1.03	1.09
	吉林	0.95	1.69	1.77	1.31	1.31	1.29	1.23	1.19	0.99	1.30

（续）

项目		2011	2012	2013	2014	2015	2016	2017	2018	2019	均值
综合优势指数（AAI）	山西	2.61	2.56	2.78	2.86	2.72	2.79	2.82	3.10	3.11	2.82
	内蒙古	2.23	2.26	1.93	2.13	2.44	2.27	2.47	2.22	2.30	2.25
	河北	2.17	2.09	2.20	2.16	2.12	1.85	1.75	1.82	1.61	1.97
	陕西	1.74	1.70	1.70	1.91	1.74	1.59	1.57	1.65	1.55	1.68
	辽宁	1.66	1.39	1.33	1.42	1.32	1.29	1.49	1.54	1.61	1.45
	吉林	0.99	1.36	1.33	1.15	1.15	1.19	1.18	0.97	1.07	1.15

———— 本 章 小 结 ————

本部分基于官方公开的统计数据进行分析，结果显示：①谷子作为一种传统的粮食作物，经历了从人们的餐桌主食到辅食的变迁，无论是从全国还是河北省层面来看，近三四十年来其在粮食总量中的占比总体上呈现逐渐下降的趋势，但是近几年时间里，随着人们膳食结构改变和种植业结构调整政策的实施推进，谷子在粮食总产量中的占比趋于平稳并出现缓增的趋势，对保障粮食安全做出了一定贡献。②随着一系列高产优质谷子新品种的研发和推广，以及相关配套栽培管理技术的应用，近年来河北省谷子的单产水平得到了快速提升，远高于全国平均水平，从而也证明了河北的谷子生产在综合技术水平上高于全国平均水平，具有比较强的技术竞争力。③河北省基本形成了富有特色的谷子优势产区，谷子生产优势产区布局的集聚程度比较高。谷子生产作为地方特色产业在武安、蔚县、围场、阳原等一些传统谷子种植大县的农村脱贫和乡村振兴中发挥了重要的作用，产业规模化和集群化发展也正在有条不紊地向前推进。④从时间维度上来看，近年来河北省谷子生产的集中度和规模指数及其在全国的排名日趋走低，说明其产业发展规模出现萎缩态势，行业内的竞争优势也在下降；尽管如此，河北省谷子生产规模与效率比较优势均高于全国平均水平，属于"双高优势品类"——高规模优势-高效率优势（$SAI > 1.0$；$EAI > 1.0$），河北省谷子生产近几年从势头上虽然稍弱于内蒙古和山西，但从全国层面上其生产仍具有较强竞争力。

3 | 河北省谷子品种创新及推广

3.1 河北省谷子品种登记情况

近年来，河北省育成了一大批谷子新品种，并完成了审定登记工作，目前河北省谷子品种在研发创新方面呈现出多主体培育的局面，育种单位以河北省农林科学院、各地市农业科学院和农业高校及种子公司为主，多主体参与，共同促进了谷子新品种的多样化发展。根据中国种业大数据平台信息显示，2017—2021 年，全国谷子品种登记数量共计 522 个，其中谷子种植面积最大的内蒙古、山西、河北三省谷子品种登记数量分别为 175 个、67 个和 158 个，分别占全国谷子品种登记数量的 33.52%、12.84% 和 30.27%。如图 3-1 所示，2018 年是近几年河北省谷子品种登记数量最多也是增长最快的一年，谷子品种登记数量达 70 个，在全国谷子品种培育方面占有重要的地位。

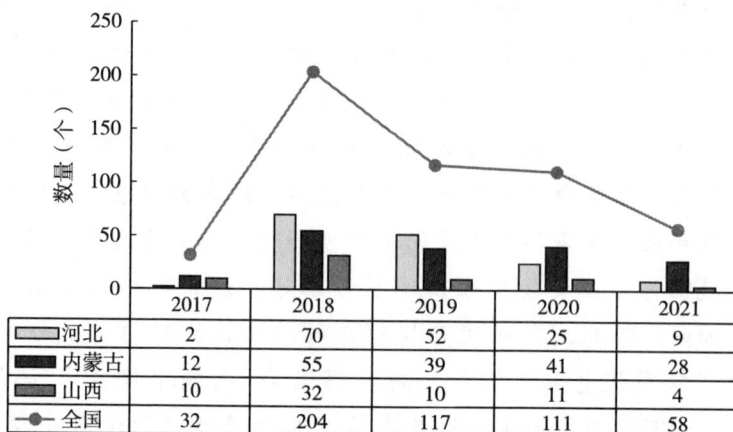

	2017	2018	2019	2020	2021
河北	2	70	52	25	9
内蒙古	12	55	39	41	28
山西	10	32	10	11	4
全国	32	204	117	111	58

图 3-1 2017—2021 年全国及三大谷子主产省区谷子品种登记情况

数据来源：中国种业大数据平台。

从品种类型来看，河北省登记的谷子品种以各地市农林科学院和种子公司培育的品种为主，主要包括张杂谷、保谷、衡谷、冀谷、承谷、沧谷、邯谷、冀杂谷、冀科谷、张杂谷、东昌系列、金谷系列、天栗系列、汇华金米等系列品种，除此之外，还有一些品种如旱千谷、瑞谷1号、冀创1号、张青谷、金绿谷、万栗、丰谷、粟粱谷、天粟谷、鑫中谷、丰谷等系列品种。可以发现，目前河北省谷子新品种呈现出多品系发展的趋势，丰富多样的品种为各产区选择利用适合本区域的种植品种提供了条件。

3.2　谷子品种创新的特征分析

河北省农林科学院是河北省谷子品种培育和相关栽培管理技术研究的"领头羊"，在全国谷子产业研究方面具有举足轻重的作用，尤其在谷子品种培育方面也居于全国前列。根据中国种业大数据平台数据显示，2017年至2022年9月期间，河北省农林科学院自主培育及与省内外其他单位合作培育登记的谷子品种共计77个，其中农林科学院谷子研究所自主培育并登记的谷子品种有33个，当前生产上授权经营并正在推广种植的几个品种主要有冀谷38、冀谷39、冀谷41、冀谷42、冀谷43、冀谷45、冀杂金苗1号等。为便于研究和获取信息，本研究以河北东昌种业有限公司有关冀谷系列谷子品种介绍信息为蓝本，设计了表3-1来呈现目前生产中推广且受群众反映比较好的几个品种的特征特性。可以看出，当前谷子品种创新正在沿着高产、优质、多抗、矮化、栽培管理精简化和适应性强的方向推进，而且品种培育和栽培管理技术呈现集成化的趋势。

3.3　河北省谷子品种的推广与应用

3.3.1　谷子品种推广应用概况

（1）品种分布情况。河北省谷子种植主要分为春播、夏播两大类。目前实际生产中春谷品种以张杂谷系列、8311、大白谷（晋谷21）为主，主要分布在张家口阳原、宣化、蔚县和赤城等地，同属春谷区的承德则以

表 3－1 目前生产推广的冀谷系列品种特征特性统计表

品种	品质特征						生长发育特性				栽培管理特征	产量特征					适宜种植区域
	籽粒颜色	米色	适口性	营养	等级	播期	亩播种量(克)	生育期(天)	株高(厘米)	抗性特征		平均穗长(厘米)	单穗重(克)	单穗粒重(克)	千粒重(克)	亩产量(千克)	
冀谷38	褐红色	鲜黄	煮粥香火，黏香	粗蛋白为8.97%，粗脂肪4.4%，赖氨酸0.23%	1级优质米	夏播适宜播期为6月15～25日；春播5月20日至6月10日	500	92（夏播）	128	1级抗倒伏，抗锈病、纹枯病、白发病、谷瘟病、线虫病	化学间苗、除草	19.94	16.4	14.1	2.85	381.24	适宜山东、河南、河北、山西南部夏播区及冀中南太行山区、山西春谷中，辽宁南部、新疆的南疆地区春谷区种植
冀谷39	/	金黄	适口性好，商品性一般	/	1级优质米	夏播适宜播期6月15～25日；春播5月10日至6月5日	333	93（夏播）	120	1级抗旱，纹枯病、谷瘟病、锈病、白发病	化学间苗、除草	17.80	18.05	15.86	3.08	419.4	适宜河北、河南、山东、山西南部、新疆南疆夏谷区及北京、河北省夏谷区，山西省中部，辽宁省沈阳以南、吉林省大部分平原区，新疆昌吉回族自治州以南各区种植
冀谷41	黄色	黄	适口性较好	/	/	夏播适宜播期6月15日至7月5日，最晚7月20日播种仍能成熟；春播5月10日至6月10日	333	86（夏播）	105	1级抗旱，抗谷瘟病和白发病，中感谷瘟病、锈病	化学间苗、除草	20～30	/	/	2.92	376.2	适宜河北、河南、山东、山西南部、新疆南疆夏谷区及北京、河北省夏谷区，山西省中部，辽宁省沈阳以南、吉林省大部分、陕西省大部分春谷区，新疆昌吉回族自治州以南部分春谷种植。该品种属于中矮秆类型，可与幼林间作，在华北两熟制地区也可在油葵收获后种植

品种	品质特征					播期	生长发育特性					产量特征					适宜种植区域
	籽粒颜色	米色	适口性	营养	等级		亩播种量（克）	生育期（天）	株高（厘米）	抗性特征	栽培管理特征	平均穗长（厘米）	单穗重（克）	单穗粒重（克）	千粒重（克）	亩产量（千克）	
冀谷42	黄色	鲜黄	商品性好，熟相好，适口性好	粮用粗蛋白8.7%，粗脂肪2.0%，总淀粉62.08%，赖氨酸0.216%	/	夏播适宜播期6月15日至7月5日，最晚7月10日播种仍能成熟；春播5月10日至6月10日	/	88（夏播）	140.15	中感谷瘟、中抗谷锈病、中抗白发病	化学苗，除草	17.3	22.15	17.88	1.47	380.45	适宜在河北、河南、山东、新疆泽普夏播，在辽宁、吉林、内蒙古、山西、陕西、宁夏、黑龙江肇源昌吉、博乐春播种植
冀谷43	黄色	鲜黄	煮粥省火黏香，适口性好	粗蛋白9.5%，粗脂肪3.2%，总淀粉68.7%，赖氨酸0.27%	2级优质米	/	/	91（夏播）	121.8	中抗谷瘟、中感谷锈病、中抗白发病	化学苗，除草	19.8	23.1	21.87	/	363.7	河北省中南部夏谷区夏播，冀西太行山山丘陵区春播；山西、辽宁、内蒙古，年有效积温2800摄氏度·天以上地区春播种植
冀谷45	黄色	鲜黄	米色鲜黄，品质好	/	1级优质米	/	/	91（夏播）	115～130（夏播）	抗倒性1级，谷锈病抗病1级，谷瘟病抗病2级，纹枯病抗病性1级，白发病、红叶病、线虫病发病率分别为0.95%、0.57%、0.95%	化学苗，除草	23.3	20.6	17.5	2.9	400.7	适宜河北、河南、山东、北京夏谷生态类型区及吉林、辽宁、山西、陕西、内蒙古无霜期150天，年有效积温2700摄氏度·天以上地区春播种植
冀杂金苗1号	黄色	黄	商品性、适口性均好	/	/	夏播6月15日至7月20日；春播5月中旬至6月上旬	500	81（夏播）	105～110（夏播）	抗谷瘟病、纹枯病、红叶病、线虫病、白发病发病率均低于1%	化学苗，除草	16.5	18	15	2.8	410	适宜辽宁、吉林、宁夏、黑龙江、内蒙古、山西，积温2500摄氏度·天以上地种植，天以及河北、河南、山东、山西夏谷区晚播种植

注：①表中相关生育特征数据均以华北夏播区为基础，产量水平也是以华北夏播区试验数据为主。②表示缺值。

承谷、黄谷和红谷为主要种植品种；夏谷品种以冀谷系列为主，在冀中南夏谷区广泛使用，另外还包括衡谷系列、汇华金米系列、豫谷系列、沧谷系列、冀科谷系列等，以秦皇岛和唐山为主的春夏谷交叉区目前也以冀谷系列抗除草剂品种为主。

（2）主流品种推广情况。河北省谷子在产业发展和品种研发创新方面得到了国家、河北省及各地市农业高校和农科院单位系统的支持，拥有以河北省农林科学院以及包括张家口市农业科学院在内的各地市级农业科学院为主的系列谷子研究单位，汇集了一批优秀的谷子研究专家，科研实力雄厚；同时还拥有一批实力强劲的种子公司，如河北巡天农业科技有限公司、河北东昌种业有限公司、河北冀科种业有限公司、河北天粟农业科技有限公司等，它们为河北省谷种研发创新以及谷子品种推广提供了强有力的支撑。目前河北省谷子品种已形成冀谷和张杂谷两个优选系列品种，基于现有相对成熟品种的培育，河北省目前生产上正在推广的品种主要有8311、晋谷21、优质衡谷、张杂谷，优质新品种如张杂12、张杂13，以及冀谷系列新品种如冀谷39、冀谷42等。其中，8311由河北省张家口市农业科学院于20世纪90年代育成并完成了审定，8311自育成后开始在张家口大面积推广，目前主要在张家口蔚县种植，其种植面积占比一度达全县谷子种植面积的80%，由于品种退化和张杂13等品种的替代，近两年播种面积大幅减少；晋谷21，由山西省农业科学院经济作物研究所培育而成，2017年经全国农业技术推广服务中心复核符合要求，完成了品种审定登记，随之推广至河北省张家口地区和保定涞源县；近几年推广较好的冀谷系列如冀谷39、冀谷42等，均是由河北省农林科学院谷子研究所培育而成的夏谷品种，在夏谷区占比达50%～60%，其中冀谷39于2015年通过河北省鉴定，2018年通过新品种审定登记，冀谷42也于2018年通过了品种审定登记；张杂谷优质新品种如张杂12、张杂13是由张家口市农业科学院培育而成的春谷谷种，2018年通过审定登记，目前在春谷区广泛种植，近两年张杂谷在张家口市的种植面积占据了绝对优势，并一直呈增长态势。

3.3.2 样本户实际采纳情况

从主产区实地调研情况来看，目前样本区谷子种植户使用的谷子品种呈现多而杂的局面，主要包括 8311、毛列谷、晋谷 21、大毛谷、小香谷、张杂谷系列、衡谷系列、豫谷系列、冀谷系列、冀科系列、东昌系列等在内的 38 个不同品系，在邯郸、邢台、衡水、保定涞源县等冀中南地区，农户种植的品种主要为豫谷 33、东昌 1 号、乐昌 1 号、475、晋谷 21、张杂谷系列、衡谷系列、冀谷系列、冀科系列等；张家口、承德冷凉区的农户种植的品种主要为 8311、毛列谷、张杂谷、承谷、山西红谷、赤谷 5 号、黄旗皇 1 号、黄旗皇 2 号等，其中 8311、晋谷 21、张杂谷主要在张家口地区广泛种植，承谷、山西红谷、赤谷 5 号、黄旗皇系列在承德分布较多；从秦皇岛实地调研情况来看，样本区调查的农户主要种植品系为冀谷系列，其中冀谷 39、冀谷 42 为目前河北省推广较好的品种，这一点与河北省品种分布与推广现状基本吻合。

从不同类型经营主体来看，大多数小农户仍然倾向于种植传统品种，而谷子种植大户更倾向于选择冀谷系列、张杂谷系列等主推品种。从整体来看，尽管全省谷子品系复杂多样，新品种层出不穷，农户采用的谷种繁杂，但对于主推品种采纳率偏低的现象仍然存在，在一定程度上影响了这些性状相对优良的主推品种在实际生产中的推广应用。

3.4　生产者品种采纳行为影响因素的描述性分析

如前所述，近年来河北省谷子产业得到了较好的发展，特别是在谷子品种研发创新方面取得了重大突破，新品种层出不穷，一批抗性强、适口性好、抗除草剂、适于精简化栽培的新品种得以推广种植。然而通过实地调研发现，尽管河北省谷子生产总体态势比较好，但生产上品种混杂、传统地方品种退化严重，而主推品种推广率偏低的现象仍然存在。谷子种植户作为谷子品种最终的选择和使用者，其品种选择倾向及行为决策一定程度上决定了谷子品种创新推广进程及谷子产业的进一步发展。基于此，本部分内容以河北省谷子种植户作为研究对象，从微观角度来考察农户对于主推新品种的选择行为，通过实证研究的方法找出影响谷子种植户对谷子品种选择的关键因素，为引导农户理性选择品种提供对策建议。

3.4.1 数据来源及样本特征分析

本部分使用的数据是由河北省现代农业产业技术体系杂粮产业岗位经济团队于 2019 年 4 月至 2020 年 6 月深入谷子主产区实地调研所得，包括秦皇岛、邢台、邯郸、衡水、张承冷凉区和保定等地，调研对象为谷子主产区的谷子种植户。本次调研共发放问卷 200 份，由调查者在调研地点对典型代表农户进行访谈，并对谷子种植户随机地面对面访谈，现场填写调查问卷，最后由调研者对调查问卷进行审查，剔除关键数据缺失的漏答问卷和所填答案存在逻辑问题的错答问卷后，共得到有效问卷 190 份，问卷有效率为 95%。

表 3-2 对调查样本的基本特征进行了统计，结果显示：

从性别来看，总共调查户数为 190 户，其中男性 115 人，占比 60.5%，女性 75 人，占比 39.5%，从统计结果看，此次调研对象主要为男性，女性较少。

从年龄结构来看，本次总共调研户数为 190 户，其中 40 岁以下的农户仅有 9 人，占比 4.7%，41～50 岁的农户占比 18.4%，51～60 岁的农户占比 41.6%，60 岁以上的农户占比 35.3%。由于年轻劳动力大多选择外出务工，导致 40 岁以下的谷子种植户相对较少，样本区绝大部分谷子种植户以中老年人为主，年龄在 50 岁以上的偏多，农村劳动力老龄化现象比较明显。

从文化程度来看，目前谷子种植户的教育文化层次以初中文化程度为主，占到 37.9%，其次为小学，占样本比例的 37.4%，文盲农户占到调查样本的 14.2%，高中及以上文化的农户仅有 20 人，占样本比例的 10.5%。

从种植年限来看，调查样本农户谷子种植年限主要集中在 5 年以下，占样本总数的 43.2%，其次是 20 年以上的，占比 24.7%，5～10 年种植经验的农户占比 14.7%，11～15 年和 16～20 年以上的分别占到 4.2% 和 13.2%，谷子种植年限最短的为 1 年，最长的达 40 年，从统计结果来看，大部分农户都具有一定种植经验。

从家庭劳动人口数来看，所选取的样本农户中家庭劳动力数量主要以 2 人为主，占到样本总数的 49.5%，其次是家庭劳动力数量为 1 人的，占

表 3-2 农户基本情况

农户特征变量	详细描述	样本数	比例（%）	累积百分比（%）
性别	男	115	60.5	60.5
	女	75	39.5	100.0
年龄结构	40 岁以下	9	4.7	4.7
	40～50 岁	35	18.4	23.2
	51～60 岁	79	41.6	64.7
	60 岁以上	67	35.3	100.0
文化程度	文盲	27	14.2	14.2
	小学	71	37.4	51.6
	初中	72	37.9	89.5
	高中及以上	20	10.5	100.0
种植年限	5 年以下	82	43.2	43.2
	5～10 年	28	14.7	57.9
	11～15 年	8	4.2	62.1
	16～20 年	25	13.2	75.3
	20 年以上	47	24.7	100.0
劳动人口数	1 人	74	38.9	38.9
	2 人	94	49.5	88.4
	3 人及以上	22	11.6	100.0
种植面积	2 亩以下	26	13.7	13.7
	2～5 亩	112	58.9	72.6
	5～10 亩（不含 5 亩）	28	14.7	87.4
	10 亩以上	24	12.6	100.0

数据来源：对河北省 7 市 190 户农户实地调研整理。

样本总数的 38.9%；3 人及以上的劳动力数量占样本总数的比例相对较少，为 11.6%。根据调研结果发现，小农户在谷子种植过程中仍以粗放式管理为主，加之谷子种植技术并不复杂，除少数规模经营的种植大户需要额外投入劳动力外，大多数农户在生产管理中没有投入过多的家庭劳动力，一般以 1～2 人为主。

从种植规模上看，样本农户的种植面积主要集中在 2～5 亩，占总样本的 58.9%，其次为 5～10 亩（不含 5 亩），占到 14.7%，2 亩以下和 10 亩以上的分别占 13.7% 和 12.6%。调查结果显示，谷子的规模化种植尚不明显，大部分地区仍以散户种植、小农经济的种植方式为主。深度访谈发现，一方面，谷子种植户相对分散的种植方式与谷子分布区域的地形密切相关，河北省谷子种植区域除了冀中南、黑龙港地区为广阔平原外，其他区域多为山地丘陵，如太行山山区和燕山丘陵区等，分散破碎的地块不利于农户规模化种植；另一方面农户种植谷子大多是为了满足日常生活需要，对于种植规模化的需求不大。

3.4.2　样本区农户谷子品种采用现状

从实地调研情况来看，目前样本区谷子种植户使用的谷子品种呈现多样化的局面，而且在区域分布和实际生产中的采用情况，与上述全省谷子品种推广采用情况基本类似，详见表 3-3。

表 3-3　样本区农户谷子品种采用现状

地区	品种采用情况
邯郸	冀谷 39、冀谷 42、冀谷 38 等冀谷系列，谷子粒粒，粒粒香，小香米，小香谷等
邢台	红谷、冀科 18、豫谷 33、大毛谷、东昌 1 号、乐昌 1 号、汇华金米、张杂 18、张杂 16、张杂 11 等
衡水	冀谷 39、冀谷 475 等冀谷系列，衡谷 10 号、衡谷 13、衡谷 23 等衡谷系列
保定	大白谷（晋谷 21）、保谷、张杂谷系列等
张家口	8311、大白谷（晋谷 21）、毛列谷、张杂 5 号、张杂 12、张杂 13、张杂 3 号等张杂系列，蔚州贡米
承德	赤峰红谷、赤谷 5 号、大金苗、黄旗皇 1 号、吨谷、糜子谷、豫谷 18、山西红谷、鹿角白、承德系列等
秦皇岛	冀谷 39、冀谷 42 等冀谷系列

数据来源：对河北省 7 市 190 户农户实地调研整理。

3.4.3　样本区农户对谷子品种的认知与选择分析

（1）农户对谷子品种了解程度。农户对品种了解程度是谷子种植户对于目前种植的谷子名称、品种、特性等情况的认知程度。图 3-2 分析结果显示，81.6%的样本农户对所种植的谷子有一定的认知，清楚了解自己所种植的品种，对于品种的特性也比较了解；13.7%的农户对品种的认识比较模糊，一般只能说出品种的一部分特征特性；另外4.7%的农户根本不了解自己种植的品种，表现出比较严重的传承行为或从众行为。从调研情况来看，一般而言，农户对自己多年采用的品种或者当地常用品种更为了解，有相当部分农户对官方主推的新品种认识比较模糊。

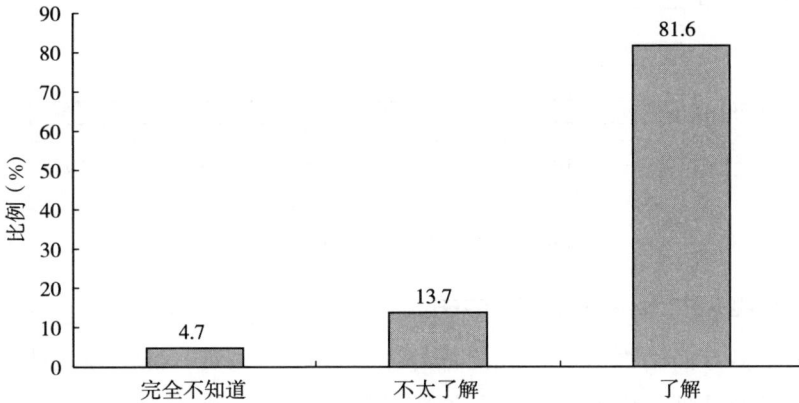

图 3-2 谷子种植户品种了解情况

数据来源：对河北省 7 市 190 户农户实地调研整理。

（2）谷子品种获取渠道。从样本区调研情况来看，目前谷子种植户使用的品种获取渠道主要涉及种子门市、合作社或协会、科研机构、农户自留、外村亲友及邻居换种等。如图 3-3 统计分析结果显示，在农户获取品种的渠道方面，选择种子门市的比例最大，为 53.7%；其次是合作社或协会推荐占比 14.2%；再次是以流动商贩推荐为主的其他渠道，占 11.1%。根据实际调研与访谈得知，许多偏远农村由于交通不便、缺乏合作社和龙头企业，农民获取种子的渠道有限，而流动商贩因其数量多、贴近农户的特点在这些地区发挥了非常重要的作用，成为当地农户重要的购种渠道；9.5%的农户选择自己留种；政府农业部门、科研机构的推荐与建议分别占到 4.7% 和 5.3%，在农户的用种选择方面正在发挥着越来越重要的作用；而通过与外村亲友及邻居换种获得谷种的农户非常少，所占比例分别为 1.1% 和 0.5%。

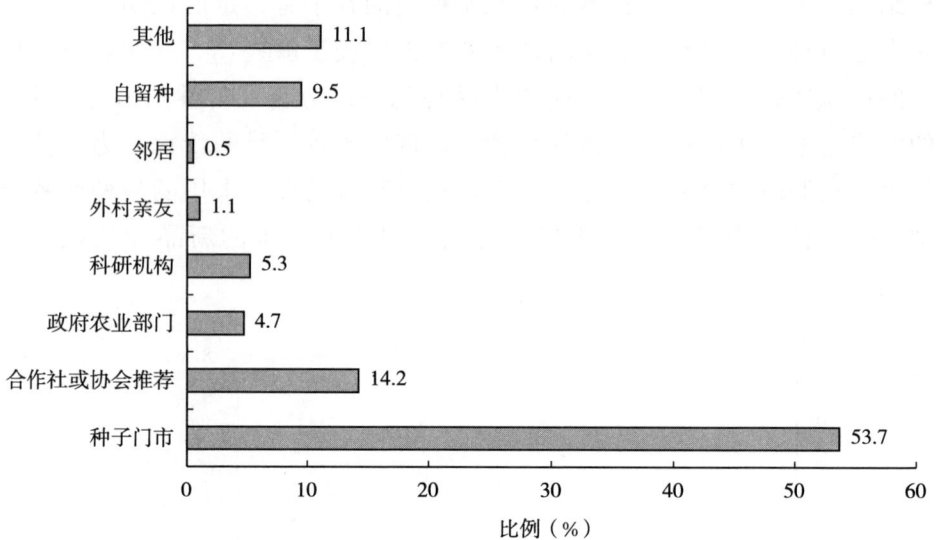

图 3-3　谷子种植户品种获得渠道

（3）**样本区农户品种选择原因。**表 3-4 所示，目前生产上农户种植的品种受多方面因素影响，农户偏好于选择高产优质、抗性强且适宜当地种植的谷子品种。由于选择品种原因的选项设置为多项选择，190 个农户共做出 203 个选择，其中 33.7% 的样本户认为选择当前谷子品种是因为其品质好，29.5% 的样本户认为自己选用的谷子品种是因为其产量高，24.7% 的样本户认为选择的谷子品种比其他品种更适宜当地种植。另外产品售价比较高、抗病虫害和抗倒伏能力较强也是影响部分农户品种选择的主要原因，选择比例分别达到 7.4% 和 3.7%。

表 3-4　农户品种选择原因

类别	选择数	比例（%）
产量高	56	29.5
品质好	64	33.7
销售价格高	14	7.4
抗病虫害和抗倒伏能力	7	3.7
适宜当地种植	47	24.7
其他	15	7.9

数据来源：对河北省 7 市 190 户农户实地调研整理。

（4）样本区农户品种更换情况。从调研情况看，在 190 个有效样本中，有 48.9% 的农户表示愿意及时更换和采用主推品种，而另外 51.1% 的被调查农户没有更换主推品种的行为倾向（图 3-4）。在大部分样本户对品种认知度较高、品种获取渠道多元化的情况下，这种品种更换和主推品种采纳方面的行为分异是多种因素共同作用的结果，同时它也将直接影响谷子主推新品种的推广效果。

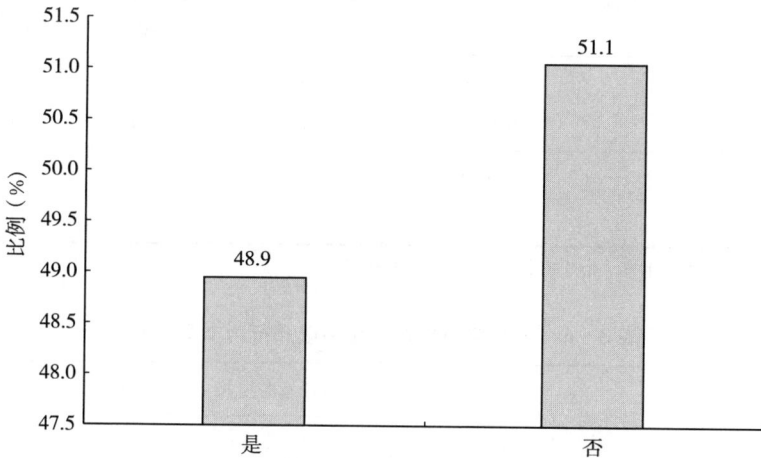

图 3-4　谷子种植户是否愿意更换品种情况

3.4.4　农户个体特征变量与品种选择行为

（1）性别与品种选择行为交叉分析。从性别与品种选择行为的交叉分析结果（表 3-5）来看，在主推品种的选择上不同性别的谷子种植户存在差异。男性选择更换主推品种的比例占到 54.8%，女性选择更换主推品种的比例则为 40.0%。整体来看，男性作为家庭主要劳动力，思想比较活跃且敢于冒险，因而更倾向于选择主推品种。

（2）年龄结构与品种选择行为交叉分析。从年龄结构与品种选择行为的交叉分析结果（表 3-6）来看，40 岁以下的谷子种植户中，有 33.3% 的农户表示会及时更换主推品种，66.7% 的农户没有及时更换主推品种，调研中发现这部分相对年轻的种植户中有一些是专业种植户或新型经营主体，接受新事物的能力比较强，敢于尝试新技术，因此更换主推新品种的行为倾向比较明显；在 40～60 岁年龄段中可以发现，随着年龄的增加，农户选择更换品种的比例有增加的趋势。但当年龄增长到一定程度时，农户更换主推品种的行为倾向又呈现下降的趋势，从表3-6可见，60岁以上的谷子种植户中，40.3%的农户会及时更换采用主推新品种，超过一半的农户选择不更换主推新品种。

表3-5　性别与农户品种选择行为交叉分析

性别		是否及时更换主推新品种		合计
		否	是	
男	户数	52	63	115
	比例（%）	45.2	54.8	100.0
女	户数	45	30	75
	比例（%）	60.0	40.0	100.0

数据来源：对河北省7市190户农户实地调研整理。

表3-6　年龄结构与农户品种选择行为交叉分析

年龄结构		是否及时更换主推新品种		合计
		否	是	
40岁以下	户数	6	3	9
	比例（%）	66.7	33.3	100.0
40～50岁	户数	23	12	35
	比例（%）	65.7	34.3	100.0
51～60岁	户数	28	51	79
	比例（%）	35.4	64.6	100.0
60岁以上	户数	40	27	67
	比例（%）	59.7	40.3	100.0

数据来源：对河北省7市190户农户实地调研整理。

从调查样本户整体选择的情况来看，农户随着年龄的增加、种植经验不断积累，对品种的了解程度愈发清晰，这对其更换主推新品种的行为有一定积极的影响，而60岁以上的农户由于总体受教育程度较低，年龄较大、接受新事物新讯息的能力有限，对于主推新品种的关注与了解程度都十分有限，在谷子种植过程中过多依赖种植经验，倾向使用自留种，因此更换主推新品种的概率也随之降低。

（3）文化程度与品种选择行为交叉分析。从文化程度与品种选择行为的交叉分析结果（表3-7）显示，随着文化程度的增加，农户更换主推新品种的行为趋向有增加的趋势，文盲、小学、初中、高中及以上的农户中选择更换主推新品种的比例分别为18.5%、31.0%、65.3%和95.0%。总体来看，文化程度的增加在促进谷子种植户的品种选择行为方面发挥了比较积极的作用。

表3-7　文化程度与农户品种选择行为交叉分析

文化程度		是否及时更换主推新品种		合计
		否	是	
文盲	户数	22	5	27
	比例（%）	81.5	18.5	100.0
小学	户数	49	22	71
	比例（%）	69.0	31.0	100.0
初中	户数	25	47	72
	比例（%）	34.7	65.3	100.0
高中及以上	户数	1	19	20
	比例（%）	5.0	95.0	100.0

数据来源：对河北省7市190户农户实地调研整理。

（4）种植经验与品种选择行为交叉分析。种植经验与品种选择行为交叉分析结果（表3-8）显示，种植年限为11~15年的农户中选择更换主推新品种的比例最低，为11.1%；5~10年的农户中选择更换主推新品种的农户比例最高，为64.3%；20年以上的农户，选择更换主推新品种的比例为61.7%；种植经验为5年以下（不含5年）、16~20年的农户中选择更换主推新品种的农户比例分别为42.0%和44.0%。总体来看，种植经验对农户品种选择行为的影响没有明显的规律性。实际的访谈结果显示，一些新的谷子种植户，由于经验较少趋向于选择主推新品种；有经验的谷子种植户一部分受既往种植品种退化或者品质下降、产量较低等原因开始进行新的品种更换，另一部分有谷子种植经验的农户为了确保自家谷子生产的安全，则沿袭自己的经验传承，持续使用往年品种。

表 3-8　种植年限与农户品种选择行为交叉分析

种植年限		是否及时更换主推新品种		合计
		否	是	
5 年以下（不含 5 年）	户数	47	34	81
	比例（%）	58.0	42.0	100.0
5～10 年	户数	10	18	28
	比例（%）	35.7	64.3	100.0
11～15 年	户数	8	1	9
	比例（%）	88.9	11.1	100.0
16～20 年	户数	14	11	25
	比例（%）	56.0	44.0	100.0
20 年以上（不含 20 年）	户数	18	29	47
	比例（%）	38.3	61.7	100.0

数据来源：对河北省 7 市 190 户农户实地调研整理。

3.4.5　农户家庭特征变量与品种选择行为

（1）种植面积与品种选择行为交叉分析。从表 3-9 可以看出，种植面积与农户品种选择行为之间似乎没有直接的关系，从选择更换主推新品种的农户的比例来看，种植面积为 10 亩以上的农户选择更换主推新品种的比例最高，为 75.0%；其次是种植面积为 2 亩以下的农户，53.8%的农户表示会及时更换主推新品种；种植面积 5～10 亩（不含 5 亩，含 10 亩）间的农户更换主推新品种的比例最低，这部分农户中仅有 32.1%的农户会及时更换主推新品种；种植面积 2～5 亩的农户中，选择更换主推新品种的农户占比 46.4%。

（2）劳动人口数与品种选择行为交叉分析。由表 3-10 家庭劳动人口数与品种选择行为交叉结果可以看出，家庭劳动人数为 1 人、2 人、3 人及以上的农户中更换主推新品种的比例分别为 44.6%、48.9%和 63.6%。总体来看，随着家庭劳动人口数量的增加，农户更换采用主推新品种的行为倾向也有增加的趋势。

表 3-9 农户种植面积与农户品种选择行为交叉分析

种植面积		是否及时更换主推新品种		合计
		否	是	
2亩以下	户数	12	14	26
	比例（%）	46.2	53.8	100.0
2~5亩	户数	60	52	112
	比例（%）	53.6	46.4	100.0
5~10亩（不含5亩，含10亩）	户数	19	9	28
	比例（%）	67.9	32.1	100.0
10亩以上	户数	6	18	24
	比例（%）	25.0	75.0	100.0

数据来源：对河北省7市190户农户实地调研整理。

表 3-10 劳动生产人数与农户品种选择行为交叉分析

劳动人口数		是否及时更换主推新品种		合计
		否	是	
1人	户数	41	33	74
	比例（%）	55.4	44.6	100.0
2人	户数	48	46	94
	比例（%）	51.1	48.9	100.0
3人及以上	户数	8	14	22
	比例（%）	36.4	63.6	100.0

数据来源：对河北省7市190户农户实地调研整理。

（3）机械投入与品种选择行为交叉分析。图3-5显示，在190个有效样本中，55.8%的农户表示有机械投入，大部分农户在谷子种植管理过程中使用了机械。另外44.2%的农户在谷子种植中没有机械投入，在调研中发现，这部分农户大多处于山地丘陵区，地块破碎分散，不适宜使用机械化，播种和耕地全部依靠人力或畜力；也有一些谷子种植户种植的传统品种不适宜机械化作业，导致没有机械投入。

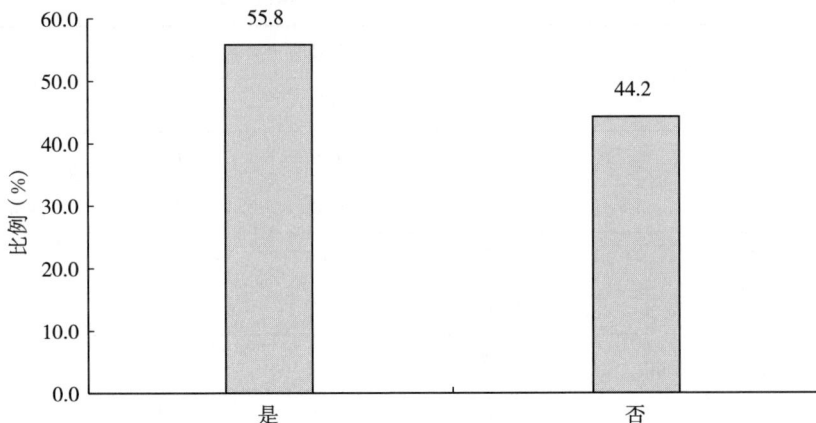

图 3-5　谷子种植户机械投入情况

　　表 3-11 显示，有机械投入的农户中选择更换主推新品种的占比69.8%，而没有机械投入的谷子种植户中，仅有 22.6% 的农户选择更换主推新品种。总体来看，机械投入对农户品种更换行为起到了一定的促进作用。在实际调研中发现，有机械投入的农户倾向于更换主推新品种的原因是多方面造成的，一方面，相较于原有的品种目前创新推广的新品种更适应机械化栽培和作业，能够减少农户田间管理工作，特别是在收获时能有效减少谷子因机械收割破损率高的难题，解决了农户的后顾之忧；另一方面，有机械投入的农户中有相当一部分是规模经营的农户，生产规模较大，对于主推新品种及其带来的生产收益关注度较高，更愿意进行新的尝试更换主推新品种。

表 3-11　农户机械投入与农户品种选择行为交叉分析

是否有机械投入		是否及时更换主推新品种		合计
		否	是	
否	户数	65	19	84
	比例（%）	77.4	22.6	100.0
是	户数	32	74	106
	比例（%）	30.2	69.8	100.0

　　数据来源：对河北省 7 市 190 户农户实地调研整理。

3.4.6　农户对主推新品种的关注度与品种选择行为

图3-6显示，32.1%的农户对谷子主推新品种比较关注，23.7%的谷子种植户十分关注主推新品种，16.3%的农户对主推新品种不太关注甚至从不关注。总体来看，大部分农户对主推新品种都有一定的关注。

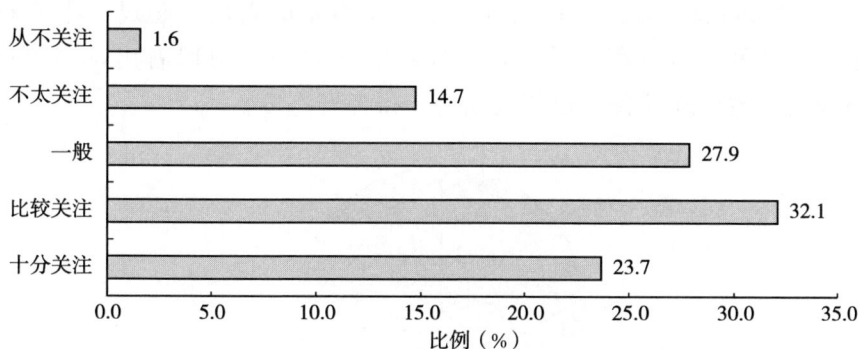

图3-6　谷子种植户对主推新品种的关注情况

表3-12结果显示，农户对主推新品种的关注度与农户品种选择行为呈现正向相关的关系，从更换主推新品种的谷子种植户比例来看，对主推新品种十分关注的农户占比最大，为91.1%，其次是比较关注的农户，有59.0%的农户表示会及时更换和采纳主推新品种，而不关注主推新品种

表3-12　主推新品种关注度与农户品种选择行为交叉分析

主推新品种关注度		是否及时更换主推新品种		合计
		否	是	
从不关注	户数	3	0	3
	比例（%）	100.0	0.0	100.0
不太关注	户数	27	1	28
	比例（%）	96.4	3.6	100.0
一般	户数	38	15	53
	比例（%）	71.7	28.3	100.0
比较关注	户数	25	36	61
	比例（%）	41.0	59.0	100.0
十分关注	户数	4	41	45
	比例（%）	8.9	91.1	100.0

数据来源：对河北省7市190户农户实地调研整理。

的农户则全部没有更换新品种。总体来看，按照农户对主推新品种关注程度的递增趋势，农户对主推新品种的选择行为也出现了明显的递增趋势。

3.4.7 农户对谷子品种认知与品种选择行为

（1）农户对主推新品种产量认知与品种选择行为。由图 3-7 可知，仅有 35.8％的农户对主推新品种产量高持肯定的态度，超过一半的农户对主推新品种产量高存在质疑，占样本的 64.2％，可以看出，多数农户在是否认为主推新品种产量高的问题上持怀疑态度。

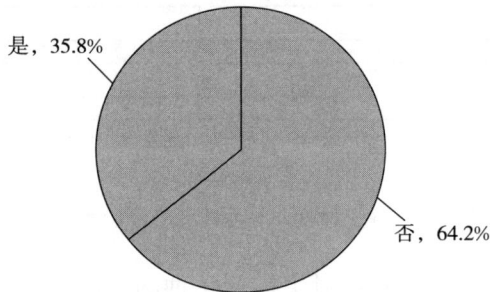

是，35.8%

否，64.2%

图 3-7　农户对主推新品种是否更高产的认知

表 3-13 给出了农户是否认为主推新品种产量更高与农户品种选择行为的关系，由表可知，认为主推新品种产量更高的农户选择更换主推新品种的比例比较大，占到 75.0％；对主推新品种产量高持怀疑态度的农户中，选择更换新品种的农户占比 34.4％。由此表明，农户认为主推新品种产量更高与其品种选择行为之间有较明显的相关关系，即认为主推新品种高产的农户更倾向于换种主推新品种。

表 3-13　农户对主推新品种产量的认知与农户品种选择行为交叉分析

是否认为主推新品种产量更高		是否及时更换主推新品种		合计
		否	是	
否	户数	80	42	122
	比例（%）	65.6	34.4	100.0
是	户数	17	51	68
	比例（%）	25.0	75.0	100.0

数据来源：对河北省 7 市 190 户农户实地调研整理。

（2）**农户对主推新品种品质认知与品种选择行为。**由图 3 - 8 可知，25.8%的农户对主推新品种的品质更好持有肯定态度，74.2%的农户对新品种品质更好持怀疑态度。表 3 - 14 给出了农户对主推新品种品质的认知与农户新品种选择行为的关系，结果显示：认为主推新品种品质更好的农户选择更换新品种的比例较大，占 83.7%，对主推新品种品质更好持怀疑态度的农户中，选择更换新品种的农户比例为 36.9%，由此表明，农户对主推新品种品质的认知对其品种选择行为起到一定促进作用。

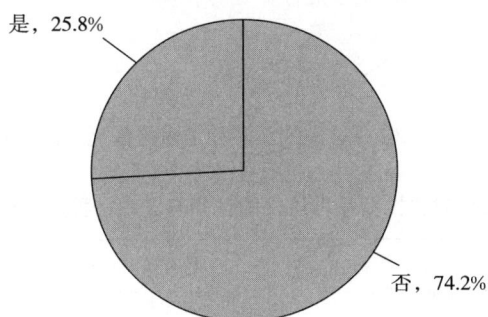

图 3 - 8　农户对主推新品种是否品质更好的认知

表 3 - 14　农户对主推新品种品质的认知与农户品种选择行为交叉分析

是否认为主推新品种品质更好		是否及时更换主推新品种		合计
		否	是	
否	户数	89	52	141
	比例（%）	63.1	36.9	100.0
是	户数	8	41	49
	比例（%）	16.3	83.7	100.0

数据来源：对河北省 7 市 190 户农户实地调研整理。

（3）**农户对主推新品种抗性认知与品种选择行为。**由图 3 - 9 可知，77.4%的农户对主推新品种抗性强持怀疑态度，22.6%的农户对主推新品种抗性强持肯定态度。表 3 - 15 给出了农户对主推新品种抗性的认知与农户新品种选择行为的关系，结果显示：认为主推新品种抗性强的农户中更换品种的农户占 79.1%；对主推新品种抗性强持怀疑态度的农户中选择更换新品种的农户占比较小，为 40.1%。总体上判断，认为主推新品种抗性强对农户品种选择行为有一定促进作用，即认为主推新品种抗性强的农户倾向于更换主推新品种。

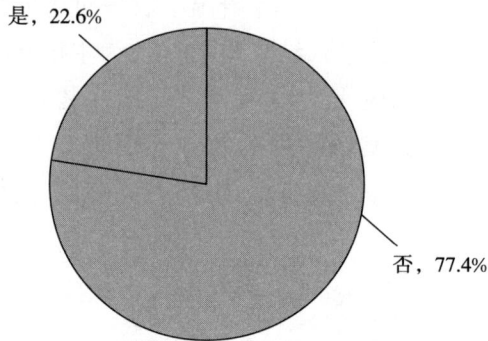

图 3-9　农户对主推新品种是否抗性更强的认知

表 3-15　农户对主推新品种抗性的认知与农户品种选择行为交叉分析

是否认为主推新品种抗性强		是否及时更换主推新品种		合计
		否	是	
否	户数	88	59	147
	比例（%）	59.9	40.1	100.0
是	户数	9	34	43
	比例（%）	20.9	79.1	100.0

数据来源：对河北省 7 市 190 户农户实地调研整理。

（4）农户对主推新品种售价认知与品种选择行为。由图 3-10 可知，58.4% 的农户对主推新品种售价高持怀疑态度，41.6% 的农户对主推新品

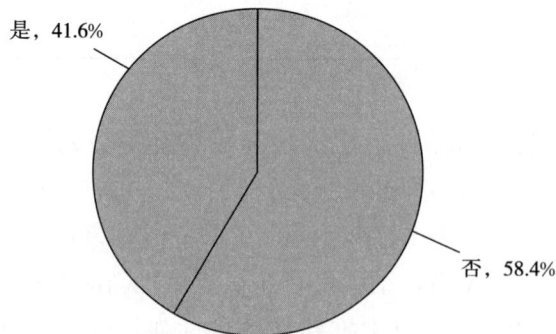

图 3-10　农户对主推新品种售价是否更高的认知

种售价高持肯定态度。由交叉表 3-16 可知，认为主推新品种售价高的农户中，70.9％的农户表示会及时更换和采用新品种，对主推新品种售价高持怀疑态度的农户中 33.3％的农户选择更新品种。总体上看，认为主推新品种售价高对农户选择主推新品种有一定的促进作用。

表 3-16　农户对主推新品种售价的认知与农户新品种选择行为交叉分析

是否认为主推新品种售价高		是否及时更换主推新品种		合计
		否	是	
否	户数	74	37	111
	比例（％）	66.7	33.3	100.0
是	户数	23	56	79
	比例（％）	29.1	70.9	100.0

数据来源：对河北省 7 市 190 户农户实地调研整理。

3.4.8　技术服务获取与农户品种选择行为

图 3-11 的统计结果显示，在调研的 190 个样本农户中，有 24.2％的谷子种植户表示参加过技术培训，高达 75.8％的农户没有参加过技术培训，绝大部分农户没有接受过技术培训或服务。进一步交叉分析结果（表 3-17）显示，在接受过技术培训的农户中，89.1％的农户表示及时更换和采用了主推新品种；在没有接受过技术培训的农户中，及时更换和采用主推新品种的农户占比 36.1％，总体来看，技术培训在促进农户更换主推新品种的行为中发挥了一定的积极作用。

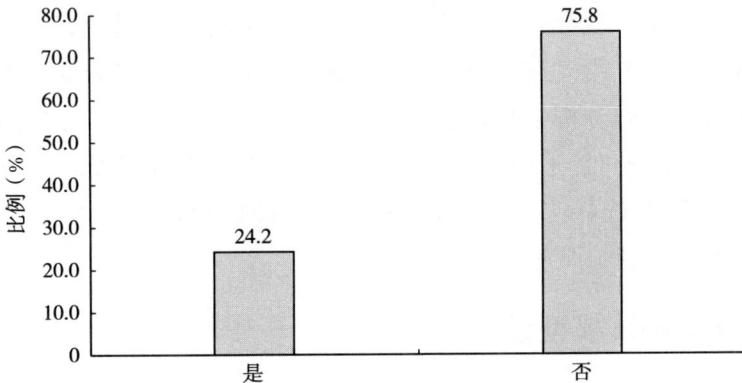

图 3-11　农户是否参加过技术培训情况统计

表 3 - 17　是否参加过技术培训与农户品种选择行为交叉分析

是否参加过技术培训		是否及时更换主推新品种		合计
		否	是	
否	户数	92	52	144
	比例（%）	63.9	36.1	100.0
是	户数	5	41	46
	比例（%）	10.9	89.1	100.0

数据来源：对河北省 7 市 190 户农户实地调研整理。

3.5　影响谷子种植户品种选择行为关键因子识别

上述对谷子种植户品种选择行为与各相关因素之间的关系进行了初步的描述性统计分析，并给出了初步的预断。本部分采用二元 Logistic 回归模型进一步识别谷子种植户主推新品种选择行为的关键影响因素及作用方向，通过模型验证为后续的决策建议提供更为精准和科学的依据。

3.5.1　Logistic 模型介绍

回归分析在诸多领域的数据处理与分析中发挥着重要作用，应用回归模型分析被解释变量和解释变量之间变化规律的一个前提条件是被解释变量是数值型变量。当被解释变量是一个非数值型分类变量时，若继续采用一般的回归模型，就会违背线性回归模型的前提假设，另一方面也无法满足一般线性回归方程对被解释变量取值的要求，因此当二分变量作为被解释变量出现在回归分析中时，通常采用二元 Logistic 模型来分析问题（薛薇，2011）。在研究谷子种植户的品种选择行为及影响因素时，农户对于品种的选择只有选择采用和不选择采用两种情形，因此本文采用二元 Logistic 回归模型来研究。

3.5.2　Logistic 模型设定

农户的品种选择行为是一个典型的二元决策问题，农户有选择和不选择的权利，在品种选择问题上，每个农户都会综合考虑各种因素做出是否采用的决策。在本文的研究中，谷子种植户对于主推新品种的选择只有选择采用（$Y=1$）和不选择采用（$Y=0$）两种情形，因此采用 Logistic 回归模型来研究和分析谷子种植户对于主推新品种选择的影响因素。根据 Logistic 回归模型的原理，构建如下计量模型：

$$\log \frac{P(Y_1)}{P(Y_0)} = \beta_0 + \sum_{i=1}^{n} \beta_i X_i + \varepsilon \qquad (3-1)$$

式中：Y_1 为采用新品种，Y_0 为不采用新品种，β_0 为常数项，β_i 为回归系数，ε 为残差项，X_i 为影响谷子种植户品种选择行为的影响因素。

3.5.3 变量选取及说明

在构建 Logistic 回归模型时，将农户对主推新品种的选择行为作为因变量，这里把农户对主推新品种的选择分为选择与不选择（选择 $Y=1$，不选择 $Y=0$），本文选取性别、年龄、文化程度、家庭劳动力人数、谷子种植面积、是否接受过技术培训、是否有机械投入、对主推新品种的关注度，以及对主推新品种产量、品质、售价、抗性的认知等因素作为解释变量，根据国内外已有的研究结果，本文把影响农户选择主推新品种的因素归纳为五类，第一类是农户个体特征变量，第二类是农户家庭特征变量，第三类是技术培训变量，第四类是对主推新品种关注度相关变量，第五类是与农户认知相关变量。为了便于对各个自变量有一个清晰的研究结果，对模型中的各个变量进行赋值量化，并就这些因素对农户品种采用行为的作用方向进行了预测，如表 3-18 所示。

（1）农户个体特征变量。农户个体特征变量主要包括农户的性别、年龄、文化程度和种植经验。目前在学者的研究中，农户个体特征变量对农户品种选择行为的作用方向和影响程度还没有完全一致的结论，这一点在前文文献综述中已提到，如刘猛、刘斐、夏雪岩（2018）在农户对豫谷 18 号新品种的采用行为的研究中认为，农户决策者的受教育程度与农户新品种采用行为起负向作用；赵文庆（2019）在对东北地区龙杂 17 高粱种植户采用新品种的影响因素研究中认为，受教育年限与农户新品种采用行为呈正向显著相关，而陶雯（2012）在研究中认为，受教育程度对农户青虾新品种采纳行为没有显著影响，其他农户个人特征

表 3 - 18　变量选取及说明

变量名称		变量解释	预期方向
个体特征	性别	0＝女；1＝男	0
	年龄	1＝40 岁以下；2＝40～50 岁；3＝51～60 岁；4＝60 岁以上	0
	文化程度	1＝文盲；2＝小学；3＝初中；4＝高中及以上	＋
	种植经验	1＝10 年以下；2＝10～20 年；3＝21～30 年；4＝30 年以上	0
家庭特征	种植面积	1＝5 亩以下；2＝5～10 亩；3＝10 亩以上	0
	劳动人数	单位：人	＋
	机械投入	0＝否，1＝是	＋
技术培训	技术培训	0＝否，1＝是	＋
主推新品种关注度	对主推新品种的关注度	1＝从不关注；2＝不太关注；3＝一般；4＝比较关注；5＝十分关注	＋
农户认知	对主推新品种产量的认知	0＝否，1＝是	＋
	对主推新品种品质的认知	0＝否，1＝是	＋
	对主推新品种售价的认知	0＝否，1＝是	＋
	对主推新品种抗性的认知	0＝否，1＝是	＋

　　注："＋"代表正向作用，"－"代表负向作用，"0"代表影响不确定。

变量对农户品种选择行为的影响亦是如此，不再一一赘述。可见前人的研究表明，年龄、文化程度、种植经验等与农户个人相关的因素，既可能对农户品种选择行为起到显著的促进作用或阻碍作用，也可能出现不显著的情况。本研究中，以实际调研结果为依据，对农户个人特征相关变量分别与农户主推新品种选择行为进行交叉分析，据描述性统计分析结果认为，农户性别、年龄、种植经验对农户主推新品种采用行为的预期影响方向尚不明确，需要进一步验证，而预期文化程度的增加对农户新品种选择行为有正向影响。

　　（2）农户家庭特征变量。本文中农户家庭特征变量有种植面积、劳动力投入人数和机械投入。与农户个体特征变量相同，目前学者在家庭特征变量对农户品种选择行为的影响方向还没有完全一致的结论，种植面积、劳动力投入人数、机械投入等因素既有对农户品种行为起促进作用的，也有起阻碍作用甚至没有显著影响。本文根据实际调研情况与前述交叉分析发现，种植面积的预期影响方向不确定，预期劳动力投入人数和机械投入对农户选择新品种有促进作用。

(3) **技术培训因素。**技术培训与推广在农户生产决策过程中扮演了重要的技术指导者的角色，有力促进了农户对新品种的了解与采用。本研究根据实际调研结果进行交叉分析发现，技术培训对农户主推新品种选择有积极的促进作用，因此，理论预期农户接受过技术培训对农户选择主推新品种行为有正向影响。

(4) **农户对主推新品种的关注度。**本研究将农户对主推新品种的关注度设置了五个度量标准，即从不关注、不太关注、一般、比较关注和十分关注来考察农户的主观判断可能对其新品种选择行为的影响，理论而言，农户对主推新品种的关注度越高，对新品种了解认识越深刻，越有可能采用新品种。本文以实地调研结果为依据，按照理论情况与前述交叉分析预期，农户对主推新品种的关注度对农户新品种选择行为有正向影响。

(5) **农户认知变量。**农户认知变量为主观变量，主要包括农户对主推新品种的产量、品质、抗性、销售价格等因素的认知。从理论角度来看，农户的主观判断与认知可能会影响其品种选择行为，本文以实地调研结果为依据，按照理论情况与前述交叉分析预期，农户认为主推新品种产量高、品质好、抗性强、销售价格高对其购买选择主推新品种有正向影响。

3.5.4　谷子种植户品种选择行为的模型分析

本研究利用 SPSS 25.0 统计软件对 190 个样本农户的数据进行了二元 Logistic 回归处理。处理时 SPSS 给出了 7 种筛选解释变量的方法，本文选择向后条件的方法对农户的横截面数据进行分析。在模型运行中，首先将所有解释变量引入模型中进行检验，根据检验结果逐步把不显著的解释变量剔除掉，直到解释变量对被解释变量的影响基本显著。将调研数据引入模型，检验过程共经过 7 个步骤，选取步骤 1、步骤 4、步骤 7 加以说明，具体结果如表 3 - 19 所示。

表 3 - 19　模型总体估计结果

步骤	一2 对数似然值	Cox & Snell R²	Nagelkerke R²
1	107.234	0.560	0.747
4	108.143	0.558	0.744
7	114.240	0.544	0.725

表 3 - 19 为模型整体检验和参数估计结果，分别是模型拟合统计量—2 对数似然值、Cox & Snell R² 和拟合优度 Nagelkerke R²。—2 对数似然值越小，模型的拟合度越好。Nagelkerke R² 统计量的取值范围在 0～1 之间，它的值越接近 1，说明模型的整体拟合优度越好，反之则说明方程的拟合优度低。通过表 3 - 19 中—2 对数似然值、Cox & Snell R² 和 Nagelkerke R² 的统计值可以看出，模型的总体检验效果比较好。

检验过程共经过 7 个步骤，最终识别出 7 个对农户品种选择行为影响显著的因素，分别是文化程度、是否有技术培训、是否有机械投入、对主推新品种的关注度、对主推新品种产量的认知、对主推新品种品质的认知、对主推新品种抗性的认知（表 3 - 20），而性别、年龄、种植经验、种植面积、劳动人数、对主推新品种售价的认知没有进入模型，说明它们对农户新品种的选择行为没有达到显著影响。

表 3 - 20　谷子种植户新品种选择行为的影响因素的模型估计

	B	S. E.	Wals	Df	Sig.	Exp（B）
文化程度	0.799	0.320	6.225	1	0.013**	2.222
是否有技术培训	1.861	0.755	6.076	1	0.014**	6.433
是否有机械投入	1.710	0.526	10.559	1	0.001***	5.531
对主推新品种的关注度	0.987	0.304	10.556	1	0.001***	2.683
农户对主推新品种产量的认知	1.500	0.538	7.774	1	0.005***	4.482
农户对主推新品种品质的认知	1.135	0.589	3.709	1	0.054*	3.111
农户对主推新品种抗性的认知	2.496	0.687	13.178	1	0.000***	12.128
常量	—8.103	1.436	31.818	1	0.000	0.000

注：*、**、*** 分别表示统计检验达到 10%、5% 和 1% 的显著性水平。

（1）文化程度对农户品种选择行为的影响。文化程度影响因素的回归系数为 0.799，P 值为 0.013，即在 5% 的置信水平下显著，这表明文化程度的提高对农户主推新品种的选择行为有显著正向影响。具体来看，文化程度每增加 0.799，谷子种植户选择主推新品种的可能性增加 2.222。究其原因，相对于受教育层次较低的农户，一般受教育程度较高的农户往往对市场相关信息表现出更加浓厚的兴趣，对新鲜事物的接受能力较强，他们在日常生活中对农业信息、农业政策更加关注，基于这种信息积累进行分析选择，比较容易在选择主推新品种后，成功取得收益或者在遇到风险时及时止损，因此受教育程度较高的农户更愿意采用主推新品种。一般来说，受教育程度较低的农户往往缺乏学习了解新事物新信息的主动性，对新品种、新技术缺乏了解，农户很少会冒险选择采用新品种，而是持观望态度，当周围人对新品种的采用数量增多，甚至见到一定成效才会考虑采用主推新品种。因此农户文化程度的增加对农户选择主推新品种会起到一定促进作用。

（2）是否参加技术培训对农户品种选择行为的影响。农户是否参加技术培训的 P 值为 0.014，统计检验在 5% 的水平上显著，且系数为 1.861，说明农户参加技术培训与农户选择主推新品种的行为之间呈显著正相关关系，即参加过技术培训的农户选择主推新品种的概率更大。具体来看，参加技术培训每增加 1.861，谷子种植户选择主推新品种的可能性增加 6.433，与前述交叉分析结果以及预期方向一致。究其原因是，目前河北省各地农技推广部门都加强了农业技术的推广和对农户的技术培训与指导，从对农户、种子公司及各地农技推广部门的实地调查中了解到，河北省对于谷子新品种研发培育和推广工作一直以来都比较重视，现阶段种子推广体系已经形成了多主体参与、多样化发展的局面，参与种子推广主体既有政府相关部门、企业与公司、科研机构、合作社也有中间商等，他们也会组织技术培训，主要提供谷子栽培技术、病虫害防治、施肥和整地等方面的技术服务，这种多主体参与的技术培训在很大程度上提高了农户采用主推新品种的积极性与可能性。农户在接受技术培训后，会对技术使用的方法和流程形成更深入的理解，在与技术人员的交流中获得了问题解答和帮助，在这个过程中对主推新品种的认识愈加清晰，对其特性及优势也愈加了解，在实际种植时选择主推新品种的概率也越高。

（3）是否有机械投入对农户品种选择行为的影响。农户是否有机械投

入 P 值为 0.001，通过了 1％水平的显著性检验，回归系数为 1.710，系数为正，说明农户的机械投入与农户新品种的选择行为之间呈显著正相关关系，即机械投入会促进农户选择主推新品种。具体来看，机械投入每增加 1.710，谷子种植户选择主推新品种的可能性增加 5.531。在调研中，大部分农户都有生产用机械，机械投入主要集中在谷子播种、耕地、收割环节，而一些传统的旧品种往往不适应机械化作业，增加了农户田间管理工作，在机械收获期间，传统的老品种的破损率比较高，而目前创新推广的谷子新品种更适合机械化栽培和收获，可以减少农民的田间管理工作，特别是收获期间，大型机械可以有效减少机械收割造成的谷子破损的问题，解决了农民的后顾之忧，另一方面，有机械投入的农户中有一部分规模经营的大户，对新品种本身及其带来的生产收益关注度较高，更愿意尝试更换主推新品种，因此有机械投入对于农户主推新品种的选择行为有促进作用。

（4）农户对主推新品种的关注度对农户品种选择行为的影响。农户对主推新品种的关注度因素的 P 值为 0.001，统计检验在 1％的水平上显著，且系数为 0.987，这说明农户对主推新品种的关注度与农户采纳主推新品种的概率存在显著的正相关关系。具体来看，农户对主推新品种的关注度每增加 0.987，谷子种植户选择主推新品种的可能性增加 2.683，与前述交叉分析结果以及预期方向一致，说明农户对谷子新品种的关注度越高，对主推新品种采用的可能性越高。原因是对主推新品种越关注的农户，一般对新事物、新技术、新信息的接受能力越强，在持续关注主推新品种的过程中，对新旧品种的特性及优势劣势的认识越清晰，在相互对比中，会更倾向于择优以增加收益或降低风险，因此在实际种植时选择主推新品种的概率越高。

（5）农户对主推新品种产量的认知对农户品种选择行为的影响。农户对主推新品种产量认知因素的 P 值为 0.005，通过了 1％水平的显著性检验，回归系数为 1.500，系数为正，说明农户认为品种产量高与农户品种的选择行为呈显著的正相关关系。具体来看，农户对主推新品种产量的认知每增加 1.500，谷子种植户选择主推新品种的可能性增加 4.482。这表明农户在选择品种时比较注重其产量，如果农户认为主推新品种具有产量高的特性，则很大程度上愿意选择主推新品种，与前述交叉分析结果以及预期方向一致。究其原因是，一般农户在种植谷子时，目的非常明确，即除了满足家庭日常需要，还会留取大部分出售以维持生活甚至提高收益，在耕地面积有限的情况下，谷子的产量就变得尤为重要，高产的谷子让农户存粮增加，很可能会增加家庭收入，即使当下行情不好，农户也会储存起来，等待来年需求变化有粮可卖，可见产量是农户非常关注的直接与收益相关的问题，在实地调研中亦发现，农户对于产量低的谷子比较苦恼，反映产量低"不够维持家用"，因此农户认为品种产量高对农户选择主推品种起促进作用。

（6）**农户对主推新品种品质的认知对农户品种选择行为的影响。**农户对主推新品种品质认知因素的 P 值为 0.054，通过了 10% 水平的显著性检验，回归系数为 1.135，系数为正，说明农户对主推新品种抗性的认知与农户品种选择行为之间呈显著正相关关系，即农户对主推新品种品质的认知每增加 1.135，谷子种植户选择主推新品种的可能性增加 3.111，这一结果与前述交叉分析结果及预期方向一致。这表明如果农户认为主推新品种品质更好，则会促进其对新品种的选择。经实地调查得知，对农户而言，品质好意味着谷子具有色泽鲜亮、颗粒饱满、口感香甜、出米率高等优势，对于大多数谷子种植户来说，谷子是用来满足家庭日常需要和对外出售的重要收入来源，口感好是满足食用性的必然要求，同时口感、色泽、外观、出米率等其他品质优势也影响着农户对外出售时能否获得"卖方优势"，一般而言，品质好的谷子会卖出更高的价格，对于以谷子为主要收入来源的谷子种植户而言，主推新品种的品质优劣对其的重要性不言而喻，也正因为如此，农户对主推新品种品质的认知这一因素成为影响农户新品种选择行为的显著因素。

（7）**农户对主推新品种抗性的认知对农户品种选择行为的影响。**农户对主推新品种抗性认知因素的 P 值为 0.000，通过了 1% 水平的显著性检验，回归系数为 2.496，说明农户认为主推新品种抗性强与农户的品种选择行为之间呈显著的正相关关系，即农户对主推新品种抗性的认知每增加 2.496，谷子种植户选择主推新品种的可能性增加 12.128，与前述交叉分析结果以及预期方向一致。这表明农户在选择谷种时比较关心品种抗倒伏、抗病抗虫性等一系列抗性是否强，如果新品种具有抗性强的特性，会促进农户选择该品种。究其原因是，目前小农户在谷子种植中仍然以粗放式管理为主，一旦发生自然灾害或病虫害严重，农户往往会因为管理不善而造成经济损失，一些不抗倒伏、抗病抗虫性差的品种会因为天气、病虫害的原因导致产量低、品质差，甚至在收获季节颗粒无收，致使谷子种植户苦不堪言，而抗倒伏、抗病抗虫性强的新品种长势好，对自然地理、气候条件适应性比较强，不易受到病虫害的侵袭，不仅大大减少了农户田间种植管理的程序，省时省力，还在一定程度上降低了农户种植过程中的灾害风险，减少了顾虑，因此农户对主推新品种的抗性强认知成为影响谷子种植户品种选择的显著因素。

本 章 小 结

本部分基于实证研究基础上对河北省谷子品种创新、推广应用及农户品种选择行为进行了探讨。结果显示，近年来河北省已审定登记了一大批谷子新品种，在现有相对成熟品种的培育基础上积极推广系列优选品种，由于谷子品系复杂多样，农户采用的谷种亦呈现繁杂局面，而对主推新品种的采纳率并不高。经过简单的描述性分析和进一步的模型验证发现，文化程度、农户对主推品种的关注度、机械投入、技术培训，以及农户对主推品种产量、品质、抗性的认可程度等 7 个因素，对谷子种植户的品种选择行为具有显著的正向影响，而被访者性别、年龄、种植经验、谷子种植面积、家庭劳动力数量、对主推新品种售价的认知等因素影响不显著。

4 | 河北省典型区域谷子生产效率及综合效益分析

生产效率和综合效益是衡量农业产业高质量发展的重要指标，因此，生产效率提升，社会、经济和生态效益良好，是谷子产业高质量发展的重要目标。本部分内容以河北省最大的谷子生产县级市——武安市和地下水压采重点区域——黑龙港区为典型，分别探究其在谷子生产效率和综合效益方面的问题，明确影响其生产效率和效益的因素或关键问题，为寻求全省谷子高效生产路径提供基础。

4.1 武安市谷子生产效率及影响因素分析

武安市是河北省谷子种植面积最大的县级市，其日照充足，无霜期长，5.2 万公顷耕地中有 60% 以上属于丘陵旱地，在谷子种植方面具有得天独厚的资源优势，谷子种植面积占耕地面积 1/3 左右。同时，武安市是粟的发源地，有"中国小米之乡"的美称。近年来，武安市人民政府通过与河北省农林科学院谷子研究所等科研机构进行合作，不断提升小米的品质，"武安小米"曾三次获得中国国际农产品交易会金奖，两次获得中国绿色食品博览会金奖，谷子产业已经成为武安市最具优势特色的农业产业。在这一背景下研究武安市谷子的生产效率及其影响因素不仅对于调整优化武安市谷子产业今后的发展方向具有非常重要的现实意义，同时由于武安市谷子生产的立地条件和生产模式与河北省大部分谷子产区具有很强的相似性，其对于全省谷子产业发展方向及规划也具有重要意义。

4.1.1 武安市谷子生产现状

（1）武安市谷子生产在全省具有举足轻重的地位。河北省是我国谷子种植大省，其播种面积常年位于全国前三，河北省下辖 11 个地级市（不含定州和辛集两个直管县级市），且这 11 个市均有谷子种植，当前在河北省 11 个地级市中，邯郸、张家口、邢台和承德四市是河北省的谷子主产市，其中邯郸市是河北省谷子播种面积最大的市，而武安市是邯郸市同时也是河北省谷子播种面积最大的县级市。据第三次全国农业普查资料显示，河北省共有 144 个县区种植谷子，其中武安市谷子播种面积常年排名第一。2020 年武安市谷子播种面积达到 1.75 万公顷，总产量 3.99 万吨。图 4-1 更直观地显示了其在全省谷子生产中的地位。相对而言，河北省谷子播种面积排名第二、三、四位的蔚县、南宫市以及围场满族蒙古族自治县，谷子播种面积相差不大，但远小于武安市。

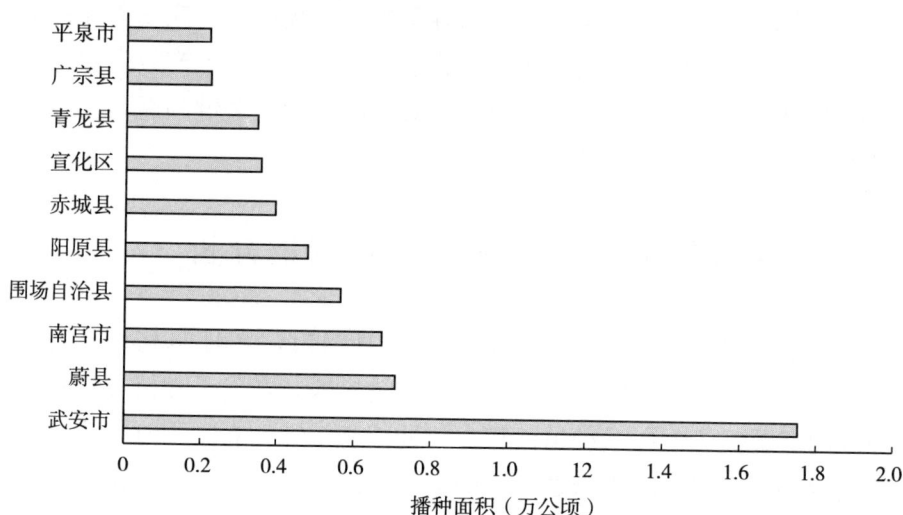

图 4-1　河北省谷子播种面积排名前十的县
数据来源：根据河北省各市统计年鉴整理所得。

如图 4-2 显示，从时间序列来看，近年来武安市谷子播种面积占河北省谷子播种面积的比例在不断增大，由 2007 年的 7.11% 增长到 2019 年的 15.15%，2020 年虽有所下降，仍比 2007 年高出 5.41%，由此更可以看出武安市谷子播种面积在河北省有着举足轻重的地位。

（2）武安市谷子各产量指标年际间变化趋势存在差异。

播种面积　2007—2020 年武安市谷子播种面积在 1.2 万~2.0 万公顷之间波动，以 2011 年为节点，整体呈现前期波动起伏而后期相对平稳的

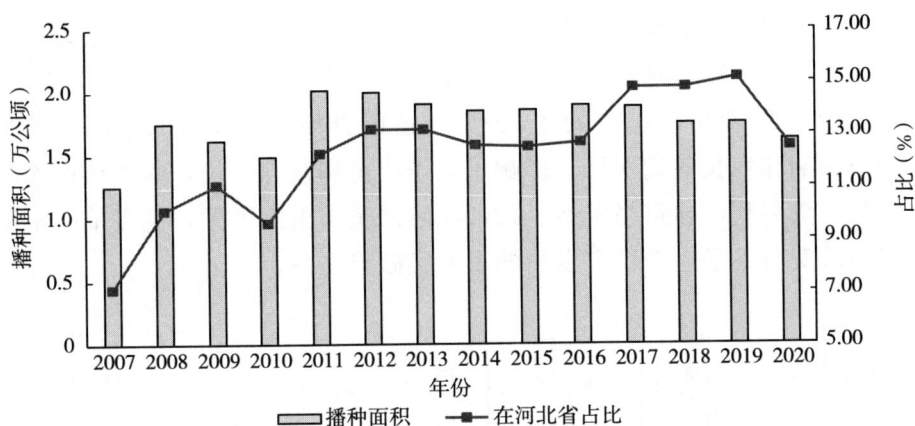

图 4 - 2　2007—2020 年武安市谷子播种面积及其在河北省的占比

数据来源：根据 2008—2021 年《河北省农村统计年鉴》《邯郸市统计年鉴》整理所得。

状态（图 4 - 3），主要源于 2011 年以后武安市谷子规模化生产由初具雏形到逐步稳定，因而播种面积变化起伏较小趋于平稳。从整体的面积增减趋势来看，2011 年谷子播种达到了 2.0 万公顷，较 2010 年增加了 5 285 公顷，增幅近 36％，是播种面积最大的一年，其后一直呈现稳中有降的态势。但整体来看，2011 年以来武安市谷子播种面积处于比较高的水平，尽管受各种不确定因素影响年际间有所波动，但波幅维持在 10％以下，基本处于相对平稳的发展态势。

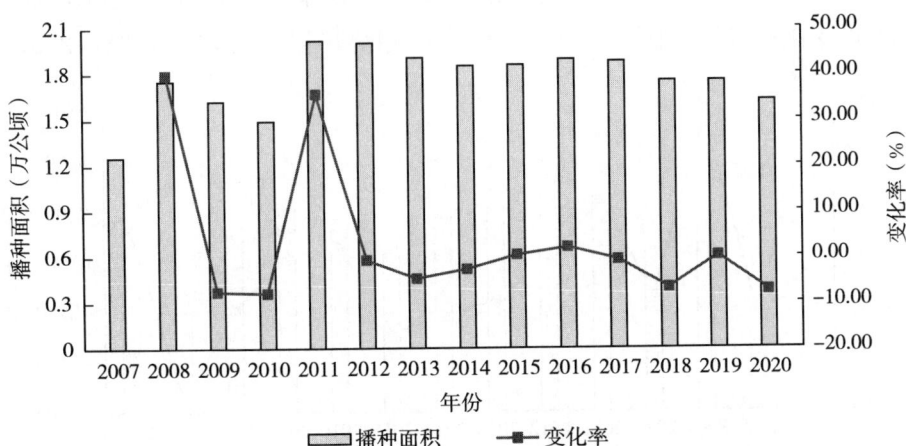

图 4 - 3　2007—2020 年武安市谷子播种面积变化趋势

数据来源：根据 2008—2021 年《邯郸市统计年鉴》整理所得。

单产水平　受多方面因素的影响，2007—2020 年武安市谷子单产水平呈现不规律的波动态势（图4-4）。2012年谷子单产达到近年来的最高值，为4 650千克/公顷；2019年谷子单产水平最低，为2 277千克/公顷，仅为2012年单产水平的48.97%，造成当年单产较低的原因主要是谷子播种期和生长前期干旱，影响了谷子出苗和营养生长，而收获期连续阴雨对产量不利，导致当年谷子减产比较严重。由此可见，稳定单产水平是保障武安市谷子生产稳态发展的重要突破点之一。

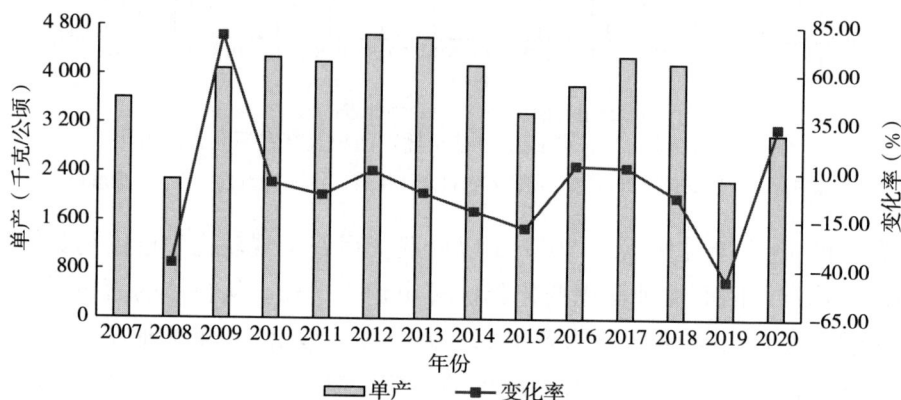

图4-4　2007—2020年武安市谷子单产水平变化趋势

数据来源：根据2008—2021年《邯郸市统计年鉴》整理所得。

总产量　2007—2020年武安市谷子总产量呈现不规律性变化，而且年际间变化率较大（图4-5）。总体变动趋势可以分为四个阶段，2007—

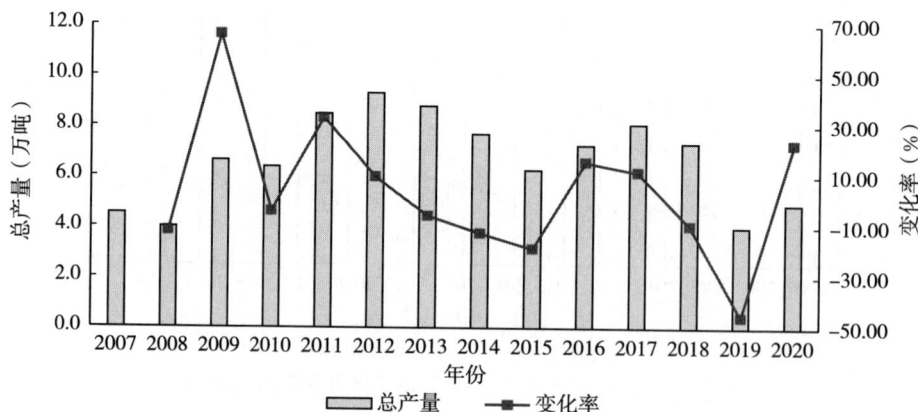

图4-5　2007—2020年武安市谷子总产量变化趋势

数据来源：根据2008—2021年《邯郸市统计年鉴》整理所得。

2012 年呈波动上升的趋势，平均增幅 28.8%，并在 2012 年达到 9.3 万吨的最高值，2012—2015 年开始逐年下降，2015—2017 年产量逐渐回升，2017—2020 年波动下降，降幅 39.4%。谷子总产量的形成是谷子播种面积和单产水平综合作用的结果，而干旱、连续阴雨、市场价格等因素通过影响单产水平或者农户收益水平从而影响农户谷子种植决策，最终都会作用于谷子总产量。

4.1.2　武安市谷子生产成本与收益分析

（1）成本收益变化动态。2007—2020 年武安市谷子生产的总成本和总产值均呈现不断上升趋势，但是净利润却有所下降（表 4 - 1），原因是总成本上升速度较快，且成本的上升大于产值的上升。总成本上升的主要原因是人工成本增长较快，由 2009 年每亩 181.95 元上升到 2020 年的 691.05 元，上升 509.10 元，除此之外物质与服务费用上升 75.80 元，土地成本下降 20.00 元。产值和利润的总体变动起伏较大，产值和利润主要受到产量和价格两方面的影响，总产值和净利润在 2014 年达到最高，主要是价格作用的结果，当年谷子价格水平达到 8～10 元/千克的历史最高水平。总体来看，近年来人工成本是造成武安市谷子生产高投入的重要因素之一，因此提高机械化水平和推进精简化栽培技术的应用将是提升当地谷子生产收益比较有效的手段。

表 4 - 1　2007—2020 年武安市谷子成本收益表（元/亩）

年份	物质与服务费用	人工成本	土地成本	总成本	总产值	净利润
2007	159.68	293.39	126.11	579.18	817.09	237.91
2008	129.58	163.80	110.00	403.38	942.20	538.82
2009	134.13	181.95	120.00	436.08	924.36	488.28
2010	244.36	269.99	120.00	634.35	901.33	266.98
2011	217.39	252.00	100.00	569.39	705.43	136.04
2012	244.60	340.00	100.00	684.60	858.87	174.27
2013	233.37	300.15	100.00	633.52	1 805.72	1 172.20

（续）

年份	物质与服务费用	人工成本	土地成本	总成本	总产值	净利润
2014	199.03	421.85	100.00	720.88	1 924.23	1 203.35
2015	207.01	525.64	100.00	832.65	982.33	149.68
2016	190.66	582.75	100.00	873.41	960.45	87.04
2017	195.95	616.20	100.00	912.15	1 043.93	131.78
2018	208.81	631.80	100.00	940.61	1 351.60	410.99
2019	214.95	669.81	100.00	984.76	1 351.88	367.12
2020	209.93	691.05	100.00	1 000.98	1 442.33	441.35

数据来源：根据 2008—2021 年《河北省农产品成本调查资料汇编》整理所得。

（2）不同模式下谷子生产过程及成本收益分析。通过对武安市谷子生产的实际调研发现，当前武安市谷子种植户主要包括普通农户、种植大户、家庭农场以及合作社等不同类型，他们在种植规模、谷子生产过程、成本收益等方面都存在较大的差异，具体如表 4-2 所示。

表 4-2　不同类型谷子种植户成本收益表

谷子种植户		普通农户	合作社成员户	新型经营主体
种植面积（亩）		0.5～3	4～8	100～600
成本（元/亩）	土地成本	200	200	200
	人工成本	700	450	400
	种子	30	40	50
	化肥	110	100	100
	农药	10	50	60
	机械	75	200	120
	总成本	1 125	1 040	930
收益	产量（千克/亩）	260	275	300
	销售价格（元/千克）	1.1	1.25	1.25
	产值（元/亩）	1 144	1 375	1 500
	净利润（元/亩）	19	335	570

数据来源：根据调研数据整理所得，表中数据为平均值。

普通农户　实地走访发现，相当一部分普通农户种植谷子是为了满足家庭自给的需要，产品商品率极低，种植规模很小，一般在 0.5～3 亩之间居多；生产过程以人工作业为主，劳动力投入成本比较高；种子、化肥、农药等物质资料投入均为种植户分散自行购买；个别环节的机械作业主要依靠租赁种植大户的旋耕机和脱粒机，机械投入每亩价格在 75 元左右，主要包括犁地 50 元和后期脱粒 25 元。普通农户几乎没有接受过技术培训，生产技术较为落后，总体来看普通农户生产过程机械化程度低、技术水平低，生产效率不高。

合作社成员户　合作社成员户与普通农户种植谷子过程差异较大，以邑城镇白府村为例，该合作社常年种植谷子 2 000 亩左右，带动合作社成员户种植冀谷 42、冀谷 168 等优质谷子品种，合作社成员户种植规模比普通农户大，种植规模在 4～8 亩，产品少部分满足自己需要，大部分转化为商品销售。其生产环节机械化程度较高，耕地、播种、收割等生产环节机械作业由合作社提供，同一机械作业环节支付成本明显低于普通农户；种子、化肥、农药等基本生产资料投入基本上来源于合作社的统一调配，单价均低于从市场零散购买的价格；生产的产品大部分被合作社回收，解决了产品销路问题。合作社社员大都能够定期接受相关专业技术培训，整体生产方式更为科学，生产效率和种植收益也高于普通农户。

新型农业经营主体　这里主要包括种谷大户和家庭农场等大规模种植谷子的种植户，通过实地的走访了解到，其种植规模大部分常年保持在 100～600 亩，谷子生产的全过程（包括耕地、播种、间苗、施肥、喷洒农药、收割、脱粒等环节）基本全部实现机械化生产，人工成本投入较低，且机械为自有机械，无需租用；种子、化肥、农药等生产资料购买基本以直接对接生产厂家或者较大规模经销商为主，单价一般低于市场价格；生产的谷子主要销售给武安市的米厂或其他经销商，由于是优质品种，谷子质量较好，因此价格也比普通农户高一些。总体来看种谷大户的机械化水平、规模化水平、技术水平都很高，因而生产效率很高，种植收益高。

综上所述，通过对武安市不同种植规模谷子种植户的调研可以发现，不同类型谷子种植户在谷子生产过程以及成本收益上都有较大的差异，在生产过程中，普通农户生产过程较为随意，在种植品种选择、后期管理以及病虫害防治等方面没有专业种植大户精细，进而导致普通农户的谷子产量和质量都没有专业大户高，因此收益相对较低。在成本收益上，可以发现谷子种植规模对生产利润的影响较大，普通农户、合作社成员户以及新型经营主体在谷子的生产、加工以及后期的销售环节的成本收益都有很大的差异，差异最大的部分主要在人工成本，不同类型谷子种植户的生产效率及成本收益差距明显，排序依次为新型经营主体＞合作社成员户＞普通农户，因此不断提升谷子种植的机械化、规模化、科学技术水平，有利于更好的促进武安市谷子生产发展。

4.1.3 武安市谷子生产效率测算与分析

（1）生产效率的测算方法。本研究选用测算生产效率常用的数据包络分析法，简称 DEA 模型，DEA 的基本模型包括规模收益不变（CRS）和规模收益可变（VRS）两个假定，其中 CCR 模型是在规模收益不变的假定下对谷子进行生产效率测算，BCC 模型是在规模收益可变的假定下对谷子进行生产效率测算。其中 CCR 模型的计算结果为综合技术效率，BCC 模型的计算结果为纯技术效率，通过综合技术效率/纯技术效率可得到规模效率（scale），因此三者之间的关系在本文中为谷子综合技术效率＝谷子纯技术效率×谷子规模效率。在 DEA 模型计算中有 n 个 DMU，第 i 个 DMU 的投入和产出分别用 x 与 y 来表示，通过 CCR、BCC 模型计算公式测得各 DUM 的效率值。

CCR 模型的一般公式为：

$$
\begin{cases}
\min[\theta - \varepsilon(\hat{e}^T s^- + e^T s^+)] = V_D(\varepsilon) \\
s.t. \sum_{i=1}^{n} x_i \lambda_i + s^- = \theta x_{i0} \\
\sum_{i=1}^{n} x_i \lambda_i - s^+ = y_{i0} \\
\lambda_i \geqslant 0, \\
i = 1, 2L, n \\
s^- \geqslant 0, s^+ \geqslant 0
\end{cases}
\qquad (4-1)
$$

BCC 模型的一般公式为：

$$
\begin{cases}
\min[\theta - \varepsilon(\overset{\wedge^{T}}{e}s^{-} + e^{T}s^{+})] = V_{D}(\varepsilon) \\[2mm]
s.t. \sum_{i=1}^{n} x_{i}\lambda_{i} + s^{-} = \theta x_{i0} \\[2mm]
\sum_{i=1}^{n} x_{i}\lambda_{i} - s^{+} = y_{i0} \\[2mm]
\sum_{i=1}^{n} \lambda_{i} = 1 \\[2mm]
\lambda_{i} \geqslant 0, \ i = 1, \ 2L, \ n \\[2mm]
s^{-} \geqslant 0, \ s^{+} \geqslant 0
\end{cases}
\qquad (4-2)
$$

DEA 模型结果效率值为 0~1 之间，θ 为第 i 个 DMU 的效率值，当效率值为 1 时叫做 DEA 有效，当效率值不为 1 时叫做 DEA 无效。s^{+}、s^{-} 为松弛变量，即投入产出的现值与理想值的差值。由于并不是所有决策单元的生产都可能满足规模收益不变，因而本研究选用 BCC - DEA 模型来测算谷子生产效率，充分考虑存在规模收益递增或递减情况。

（2）指标选取与数据来源。

指标选取　借鉴现有文献中对农业生产效率以及其他农作物生产效率的研究，对生产效率进行评价分析需要从投入和产出两方面构建评价指标体系，综合考虑指标选取的真实性、科学性、可操作性、目标性以及简洁性等原则，并且依据数据包络分析方法的指标选取要求，投入指标应选取谷子生产过程中投入的各项生产要素，主要包括土地、劳动力与种子、化肥、农药、机械等直接投入以及固定资产折旧等间接生产要素的投入，产出指标应选取可以反映谷子生产结果的产量或产值等指标。

为满足数据包络分析法选取投入、产出指标简洁性的要求，避免出现有效单元过多的情况，与此同时必须涵盖谷子整个生产过程的各项投入，因此，本节参考李雪（2020）等的指标选取方法，选取单位面积谷子生产中的土地成本、人工成本、直接物质与服务费用以及间接物质与服务费用作为投入指标。土地成本包括流转地的租金以及自营地折租，人工成本包括家庭成员用工折价以及雇佣工人产生的费用，直接费用涵盖了谷子生产中所需的种子、化肥、农药、机械等物质投入所产生的费用，间接生产费用包括谷子生产过程中的固定资产折旧等费用。为保持与投入指标的一致性，本文选取能够反映单位面积产量与价格的谷子总产值作为产出指标，包括主产品产值和副产品产值。具体指标体系如表4-3所示。

表4-3 投入指标和产出指标详细解释

指标类别	指标名称	详细解释
投入指标	土地成本（元/亩）	包括流转地租金和自营地折租
	人工成本（元/亩）	包括家庭用工折价和雇工费用
	直接物质与服务费用（元/亩）	包括种子、化肥、农家肥、农药、机械作业、排灌、畜力、工具材料、修理维护和其他等中间物质投入所产生的费用和
	间接物质与服务费用（元/亩）	包括固定资产折旧和管理费
产出指标	谷子总产值（元/亩）	包括主产品产值和副产品产值

数据来源：根据上述指标体系，查阅相关统计资料，本章所需要的投入产出数据来源于《河北省农产品成本调查资料汇编》（2008—2021）。

（3）谷子生产效率测算结果及分析。本文从时间和空间两个角度来分析武安市谷子生产效率，以此来增加研究的全面性和科学性。时间角度上，本文选取2007—2020年共14年的数据来纵向分析武安市谷子生产效率；空间角度上，为了更加全面且准确地分析武安市谷子生产效率，考虑到谷子的种植规模及发展情况，本文选取了6个同属河北省的谷子种植面积较大且较为典型的谷子主产县来和武安市做对比，利用2018年、2019年以及2020年的数据，对武安市和涉县、临城县、临西县、蔚县、万全区以及怀来县的谷子生产效率进行综合测算，横向对比分析了这7个地区的谷子生产效率。

谷子生产效率时间序列分析 根据武安市2007—2020年共14个决策单元投入产出数据，利用DEAP 2.1软件，运用DEA-BCC模型进行测算，得出每个年份的谷子生产综合效率、纯技术效率以及规模效率，综合效率变化受纯技术效率变化和规模效率变化的影响。

由表4-4和图4-6可知，从综合效率角度看，其平均值为0.703，整体处于较高的状态，2007—2020年综合效率整体呈波动上升趋势，尤其2015—2020年综合效率持续递增，这表明武安市谷子生产效率在这些年整体处于向好的状态，这与河北省政府出台的促进杂粮生产的相关政策有着密不可分的关系。在2007—2020年武安市谷子生产要素投入中，2008年、2009年、2013年和2014年综合效率为1，处于DEA有效状态，即技术效率和规模效率都达到最优的资源配置状态，这四年间武安市谷子生产处于高效率状态，但是其余 10 个年份的综合效率都小于 1，处于 DEA 无效状态，其中综合效率值最低的是 2011 年，仅有 0.465，这表明武安市谷子生产效率仍有较大进步空间，资源配置状态仍待进一步优化。

表 4 - 4　武安市 2007—2020 年各个决策单元谷子生产效率评价表

决策单元	年份	综合效率	纯技术效率	规模效率	规模报酬	是否技术有效	是否 DEA 有效
1	2007	0.576	0.626	0.919	irs	否	否
2	2008	1.000	1.000	1.000	—	是	是
3	2009	1.000	1.000	1.000	—	是	是
4	2010	0.557	0.558	0.997	irs	否	否
5	2011	0.465	1.000	0.465	irs	是	否
6	2012	0.467	0.471	0.991	irs	否	否
7	2013	1.000	1.000	1.000	—	是	是
8	2014	1.000	1.000	1.000	—	是	是
9	2015	0.532	0.629	0.845	irs	否	否
10	2016	0.521	1.000	0.521	irs	是	否
11	2017	0.565	1.000	0.565	irs	是	否
12	2018	0.702	0.702	1.000	—	否	否
13	2019	0.703	0.703	1.000	—	否	否
14	2020	0.750	0.750	1.000	—	否	否
平均		0.703	0.817	0.879			

注：irs 表示规模报酬递增，drs 表示规模报酬递减，—表示规模报酬不变。

从纯技术效率角度看，2007—2020 年武安市谷子纯技术效率处于 0.471～1.000 之间，呈"波浪形"变动，其平均值为 0.817，其中谷子生产纯技术效率最高的年份为 2008 年、2009 年、2011 年、2013 年、2014 年、2016 年和 2017 年，这 7 年的纯技术效率值为 1，表明技术投入所达到的产出效率最优，技术效率有效，这表明技术进步在推动武安市谷子生产效率提升方面起到了一定的积极作用，但是其余年份的纯技术效率都小于 1，没有达到技术效率有效值，说明在这些年份谷子生产技术和应用仍存在不足，应继续加大对技术的使用以及优化生产要素资源配置来进一步提高生产效率。

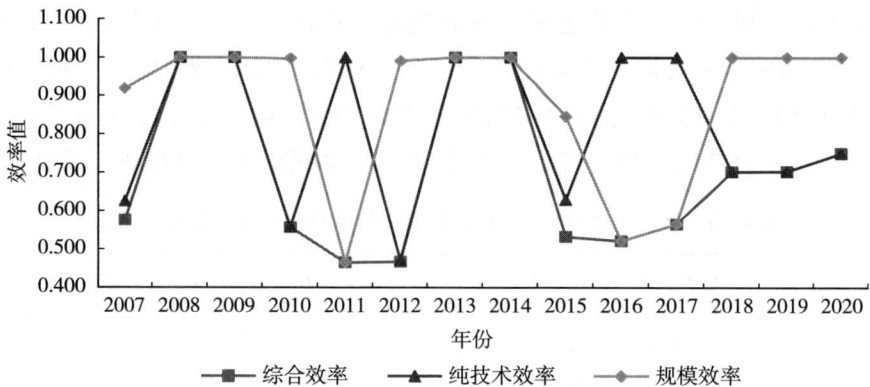

图 4-6　2007—2020 年武安市谷子生产效率

数据来源：根据模型结果整理所得。

　　从规模效率的角度看，其平均值为 0.879，总体上高于综合效率和纯技术效率，除 2011 年、2016 年和 2017 年外，其余年份的规模效率都比较高，2008 年、2009 年、2013 年、2014 年、2018—2020 年规模效率都为 1，处于规模报酬不变的状态，2007 年、2010—2012 年、2015—2017年规模效率小于 1，处于规模报酬递增阶段。2011 年、2016 年和 2017 年规模效率和综合效率不为 1，纯技术效率值为 1，说明这三年综合效率非DEA 有效的原因是规模效率，且没有投入或产出松弛项目，由此表明这两年武安市的谷子生产处于技术有效但规模无效的状态，位于生产前沿面上，但是生产规模没有达到最佳。只有在保证一定的产出前提下，扩大谷子生产规模，产生规模效益，才能取得更大收益。

　　谷子生产效率空间维度的对比分析　时间角度分析下其参照对象仅为武安市，空间角度分析下其参照对象是河北省其他谷子主产区，选取2018 年、2019 年以及 2020 年的数据，对武安市和河北省其他谷子主产区的谷子生产效率进行综合测算，横向对比分析了武安市、涉县、临城县、临西县、蔚县、万全区以及怀来县共计 7 个地区的谷子生产效率。不仅可以明确武安市谷子生产效率在河北省的位置，与此同时也可以通过横向对比分析出武安市谷子生产方面可能存在的不足。

　　具体结果如表 4-5 所示，通过对近三年武安等地谷子生产效率的测算结果可以看出，对比蔚县、万全区、怀来县等河北省其他谷子主产地，2018 年、2019 年和 2020 年武安市谷子综合效率值在 7 个地区中都为最高，其中 2018 年和 2019 年怀来县均是 7 个地区中综合效率值最低的地区，通过对比分析可以看出，这两年武安市和怀来县的规模效率都比较相近，其原因可能由于 DEA 模型中综合效率值受纯技术效率和规模效率二者共同影响所致。2018 年和 2019 年武安市的纯技术效率较高，而怀来县纯技术效率较低；反观 2020 年，怀来县、万全区和武安市综合效率值都为 1，达到了 DEA 有效，造成这一改变的主要原因是怀来县和万全区的纯技术效率提升，由此可以看出生产技术的进步以及生产要素的合理配置对谷子生产效率的影响较大。

表 4-5　2018—2020 年河北省谷子主产区谷子生产效率测算结果

年份	地区	综合效率	纯技术效率	规模效率	规模报酬	是否技术有效	是否 DEA 有效	同年排名
2018	武安	0.965	1.000	0.965	irs	是	否	1
	涉县	0.581	0.734	0.791	irs	否	否	5
	临城	0.948	1.000	0.948	irs	是	否	2
	临西	0.583	0.775	0.753	irs	否	否	4
	蔚县	0.731	1.000	0.731	irs	是	否	3
	万全	0.535	0.541	0.990	irs	否	否	6
	怀来	0.501	0.504	0.993	irs	否	否	7
2019	武安	0.947	0.959	0.987	irs	否	否	1
	涉县	0.594	0.748	0.795	irs	否	否	6
	临城	0.907	1.000	0.907	irs	是	否	2
	临西	0.636	0.820	0.776	irs	否	否	4
	蔚县	0.844	1.000	0.844	irs	是	否	3
	万全	0.626	0.645	0.971	irs	否	否	5
	怀来	0.543	0.557	0.976	irs	否	否	7
2020	武安	1.000	1.000	1.000	—	是	是	1
	涉县	0.639	0.779	0.821	irs	否	否	5
	临城	0.965	1.000	0.965	irs	是	否	2
	临西	0.836	1.000	0.836	irs	是	否	4
	蔚县	0.911	1.000	0.911	irs	是	否	3
	万全	1.000	1.000	1.000	—	是	是	1
	怀来	1.000	1.000	1.000	—	是	是	1
平均		0.776	0.860	0.903				

注：irs 表示规模报酬递增，drs 表示规模报酬递减，—表示规模报酬不变。表中数据根据模型结果整理所得。

从规模效率角度来看，规模效率的平均值为 0.903，明显高于综合效率和纯技术效率。横向对比来看，2018 年武安市的规模效率低于万全区和怀来县，在 7 个主产区中位于第三，2019 年位于第一，2020 年与万全区和怀来县并列第一，近三年来武安市的规模效率处于逐年递增的状态。近三年来武安等地除个别 DEA 有效单元的规模报酬处于不变的状态外，绝大多数决策单元都处于规模报酬递增的阶段，说明武安市等地部分年份存在生产投入规模不合理的问题，投入资源的利用程度不高，存在较大的改进空间，可以通过协调谷子生产的要素投入结构来合理配置资源，获得更高的生产效益，进一步提高生产效率。

整体看近三年河北省谷子主产区的生产效率，如图 4-7 可知，谷子生产效率 2018—2020 年呈现递增趋势。从 DEA 有效的决策单元个数来看，2018 年和 2019 年没有综合效率值为 1 的决策单元，而 2020 年 3 个决策单元达到 DEA 有效。具体来看，武安市近三年来谷子生产效率增长幅度不高且变动起伏也很小，处于稳中向好的状态，相比之下万全区和怀来县的增长幅度更为明显但生产效率的变动起伏很大，由此可以看出相比于其他谷子主产区，武安市的谷子生产规模化程度更高，这与近年来政府大力促进家庭农场和谷子优势种植区的建设有着密不可分的关系。

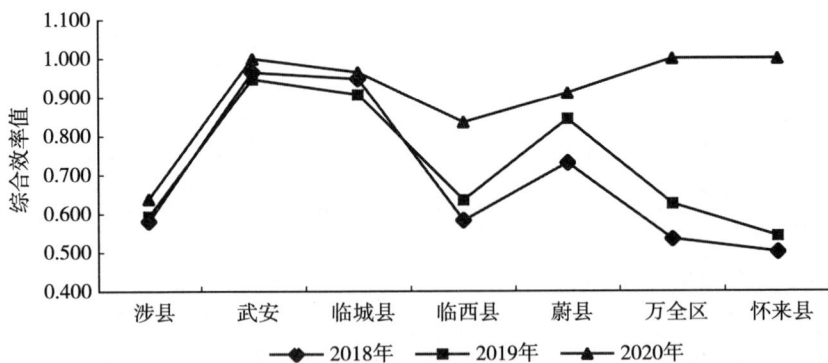

图 4-7　2018—2020 年河北省谷子主产区综合效率值

数据来源：根据模型结果整理所得。

（4）武安市谷子生产效率影响因素实证分析。

模型构建　本文选取第四章测算出的武安市谷子生产综合技术效率作为因变量，由于模型测算出的综合技术效率的取值介于 0～1 之间，因此使用最小二乘法会导致参数出现偏差或者是不一致，为了避免这种误差，在参考前人经验的基础上，本研究选择采用 Tobit 回归模型，采用最大自然估计法，对武安市谷子生产效率的影响因素进行回归分析。构建一般回归模型为：

$$Y = \alpha_0 + \alpha_{1i}X_{1i} + \alpha_{2i}X_{2i} + \alpha_{3i}X_{3i} + \alpha_{4i}X_{4i} + \alpha_{5i}X_{5i} + \alpha_{6i}X_{6i} +$$
$$\alpha_{7i}X_{7i} + \alpha_{8i}X_{8i} + \alpha_{9i}X_{9i} + \alpha_{10i}X_{10i} + \alpha_{11i}X_{11i} + \varepsilon_i \qquad (4-3)$$

式中：Y 表示运用 DEA 模型测算的谷子生产综合技术效率；X_{1i}、X_{2i}、$\cdots$、X_{11i} 表示解释变量，α_0 表示常数项，a 表示变量系数，ε_i 表示随机干扰项，$i = 1$、2、3、$\cdots$、n 表示年份。

变量选择　谷子生产效率主要反映了谷子生产者在现有生产水平下资源的合理配置，使其产出达到最大的能力。据前人研究成果可知，农产品生产效率主要受生产要素投入和非生产要素投入两大方面的影响，其中，生产要素投入主要包括土地投入、劳动力投入、资本投入、技术投入以及机械化投入等方面；非生产要素投入包括经济因素、自然环境、地区差异、财政支持等方面。

本研究为进一步提高武安市谷子生产效率，更加全面的探讨谷子生产效率的影响因素，结合武安市谷子生产的实际情况，从生产要素投入、经济、自然、资源、财政共五个方面选取包括土地、人工、种子、肥料、农药、机械作业、固定资产投入、地区生产总值、降水量、乡村劳动力资源、财政补贴共 11 个指标变量来探讨武安市谷子生产效率的影响因素，具体变量指标详细解释如表 4-6 所示。

数据来源　本章将第四章测算出的武安市谷子生产综合技术效率作为被解释变量，选取土地、人工、种子、肥料、农药、机械作业、固定资产投入、地区生产总值、降水量、乡村劳动力资源、谷子财政补贴共计 11 个指标作为解释变量，其中，被解释变量数据来自第四章的测算结果，解释变量的数据来自 2008—2021 年《河北省农村统计年鉴》《邯郸市统计年鉴》《河北省农产品成本收益汇编》以及武安市水资源公报等相关统计数据。

实证结果及分析　本研究运用 Stata 软件对谷子生产效率的影响因素进行 Tobit 回归，并分析出影响生产效率的关键因素，回归结果如表 4-7 所示。

表 4 - 6 谷子生产效率影响因素指标说明

指标大类	变量	具体变量	变量说明
解释变量	生产要素	土地	谷子播种面积（公顷）
		人工	用工数量（天/亩）
		种子	种子费用（元/亩）
		肥料	化肥和农家肥费用（元/亩）
		农药	农药费用（元/亩）
		机械作业	机械作业费用（元/亩）
		固定资产投入	固定资产投入费用（元/亩）
	经济环境	地区生产总值	地区生产总值（万元）
	自然环境	降水量	降水量（毫米）
	资源环境	乡村劳动力资源	乡村劳动力资源数量（人）
	财政支持	财政补贴	补贴收入（元/亩）
被解释变量			谷子生产综合技术效率

表 4 - 7 模型结果估计

变量	回归系数	标准误差	z 值	p 值
地区生产总值（万元）	−0.115	0.333	−0.344	0.731
谷子播种面积（公顷）	0.667	0.295	2.258	0.024**
降水量（毫米）	−0.107	0.059	−1.809	0.071*
财政补贴收入（元/亩）	0.189	0.288	0.654	0.513
乡村劳动力资源数量（人）	0.290	0.181	1.600	0.110
用工数量（天/亩）	−0.789	0.172	−4.589	0.000***
种子费（元/亩）	−0.763	0.073	−10.487	0.000***
肥料费（元/亩）	0.242	0.072	3.353	0.001***
农药费（元/亩）	0.417	0.164	2.549	0.011***
机械作业费（元/亩）	−1.768	0.383	−4.623	0.000***
固定资产投入（元/亩）	0.711	0.239	2.976	0.003**
常数项	−3.295	0.189	−17.436	0.000***

注：*、**和***分别表示统计检验达到 10%、5%和 1%的显著性水平。数据根据模型结果整理所得。

由表 4 - 7 可知各影响因素对武安市谷子生产效率的影响情况，具体结果分析如下：

（1）地区生产总值、财政补贴收入和乡村劳动力数量等对武安市谷子生产效率影响不显著。主要原因在于，当前谷子生产在武安市经济发展中地位及生产总值中占比偏低；财政补贴收入在谷子收益中占比不高，激励效应不强；以及农业生产老龄化、谷子生产机械化水平日益提升弱化了劳动力数量对农业生产的影响。

（2）降水量对谷子生产效率在 10% 的水平下具有显著性影响且呈负相关关系。主要原因在于谷子是相对耐旱的作物，但并不意味着其生产过程不需要水，因此自然降水量对谷子的生产效率影响显著。刘猛等（2016）学者研究发现适当的降水量利于谷子生产期的生长，但是当降水量超过临界值 490 毫米就会造成谷子减产。武安市谷子播种通常在初夏时节，收割在农历 8 月末，在整个谷子生长期内，降水量过多或过少都会严重影响谷子产量，其中 7 月和 8 月是谷子的拔节期和孕穗期，在这期间谷子生长需要大量的水分，因此对降水量的需求较大，但是 5 月和 9 月分别是谷子播种初期和收获期，对降水的需求较小，降水量不宜过多，尤其是在谷子收获期降水量过多会严重影响谷子收割，造成减产，从而降低谷子生产效率。

（3）谷子播种面积对谷子生产效率有显著的影响且呈正相关关系，相关系数为 0.667，表明播种面积增加有利于谷子生产效率的提高，主要原因在于随着政府政策的不断推行，武安市谷子种植大户和家庭农场的数量不断增多，谷子种植规模化、科学化、机械化程度都不断提高，谷子规模化种植面积增多，因而促进了生产效率的提升。

（4）亩均用工数量对谷子生产效率有显著的影响且呈负相关关系，表明劳动力投工日数越多谷子生产效率越低。理论上而言，随着农业技术的进步，谷子生产的机械化水平和精简化水平日益提升，农业用工时间趋于减少，生产效率提升；现实层面来看，苗期过于干旱造成毁苗重播，或者生育后期长时间连续阴雨导致杂草丛生或者病害频发等现象在武安市谷子生产中是屡见不鲜的，这往往也是增加谷子生产投工量和制约其生产效率提升的重要因素。

（5）种子、肥料、农药、机械作业以及固定资产等物质与服务投入费用对谷子的生产效率有显著的影响。其中，种子费和机械作业费与谷子生产效率呈显著负相关关系，而化肥、农药、固定资产等投入与谷子生产效率呈正相关关系。主要是由于化肥、农药的使用在促进谷子良好的生长发育的同时，减少了生产者用于谷子生长期间防病治病的人工投入，而固定资产投入水平增加一般体现在农用机械的投入上，由此带来的是生产效率的直接提升。种子费和机械作业费价格的提升一定程度上会削弱生产者购买新品种和雇用机械服务的积极性，从而对生产效率提升产生一定的负面影响。

4.2 水资源约束条件下黑龙港地区谷子生产综合效益分析

4.2.1 黑龙港地区农业生产条件

黑龙港地区位于河北省东南部，区域主要包括衡水和沧州全部县区、邢台市东部 10 县区和邯郸市东部 10 县区，共计 45 个县区（程思远，2021），地理坐标位置为东经 $114°20'\sim117°48'$，北纬 $36°03'\sim38°44'$，土地面积 3.45 万公顷，约占河北省面积的 1/5。

黑龙港区域地处黄淮海平原东部，其东北部有小部分毗邻渤海。由于长期受海河各支流和黄河河水冲积影响（胡红和李新辉，2021），形成了典型的冲积平原地貌，地势较为平坦。在地形上本区域自西南向东北方向倾斜，分别为西部山前冲洪积平原、中部冲洪积湖低平原、东部滨海平原和东北部沿海滩涂区四个地形区。黑龙港区域均属于大陆性暖温带半干旱半湿润季风气候，区域内总体气候特征为雨热同期、四季分明，春季干旱少雨，夏季潮热多雨，秋季干爽少雨，冬季气候干冷。

4.2.2 黑龙港地区水资源条件

自然降水 根据《河北农村统计年鉴》《河北省气候评价公报》资料显示，由于本地区为大陆性季风气候区，区域内部均会受到不同程度的夏季季风影响，因此全年 70% 的降水都会集中于夏季 7～8 月，但是本地区雨季有时会早迟不定，经常会出现"春旱秋涝"的旱涝气候现象。结合图 4-8 数据来看，黑龙港区域 2010—2020 年降水量均值仅为 490 毫米，年降水量区间为 395～618 毫米，降水量不仅偏少，而且波动变化较大。此外，本区域四市超过一半的年份降水量均低于多年均值，多数年份处于比较干旱状态。因此，本区域虽然比较适宜农作物种植，但是由于旱涝频

发、持续高温等不良气候现象对本地区农业生产高质量发展造成了不利影
响，现在以及未来黑龙港地区农业发展均需要得到更多关注。

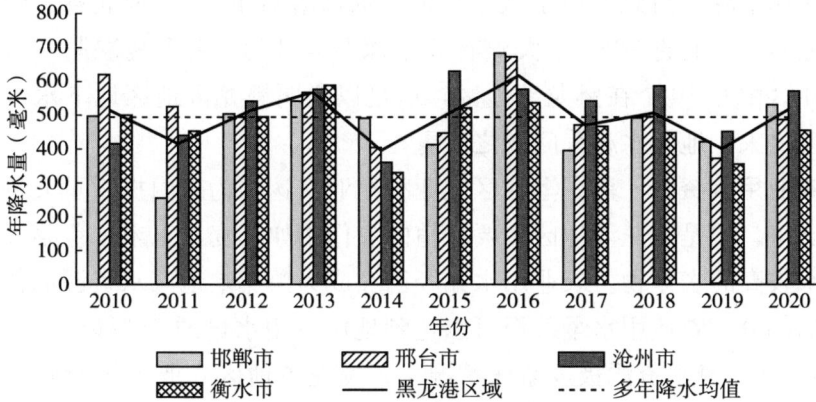

图 4-8　黑龙港地区四市年降水量情况统计

数据来源：2011—2021 年《河北农村统计年鉴》。

地表水资源　黑龙港地区地表河流均属于黑龙港运东河系、漳卫南运
河河系和子牙河河系三个水系。区域内虽然水系广阔，但由于本地区河流
水源主要依赖自然降水进行补充，年流量不足，年内河流径流量变化十分
明显。夏秋两季雨水多，则河流流量大；春冬两季降水少，则河流流量
小，情况严重时甚至会出现断流现象。近年由于受温室效应以及气候异常
的影响导致本地区降水减少，外加河流上游拦水蓄水，黑龙港区域内河流
断流、湖泊萎缩严重，地表水资源趋于枯竭。此外，衡水湖、南大港湿地
是本地区最大的储水泄洪工程，其中衡水湖满额蓄水量 1.88 亿米³，可承
载周边 90 多个自然村，近 7 000 公顷耕地以及 6 万多人的供水；南大港
湿地紧邻渤海，是诸多河流交汇入海的汇聚区，可蓄水近 4.8 亿米³。在
水源分布方面，黑龙港地区地表水资源主要集中于东北部地区，如衡水湖
周边县区，而东南部如邢台的广宗县和南宫市、邯郸的肥乡县、成安县和
广平县等几乎没有多少地表水资源可利用。另外，黑龙港地区地表水蒸发
情况十分严重，地区多年水分蒸发量均值在 1 100～1 800 毫米，最高年份
甚至可以达到 2 000 毫米（陈丽等，2016）。由于本地区具有降水量少、
蒸发量大的显著特点，因此直接影响了本地区地表水资源的存续。

地下水资源情况　黑龙港地区地表水资源短缺已成为共识，因此本区

域内的浅层地下水与深层淡水资源就成为了当地重要的水源。在长期的高强度的地下水开采环境下，黑龙港区域内地下水位正在以每年1～2米的速度快速下降，由此形成了众多的地下水降落漏斗区。《河北省水资源公报》显示，河北省2020年大致有6个深层漏斗区、7个浅层漏斗区，所有漏斗区中有10个在黑龙港地区，这足以说明黑龙港地区地下水资源消耗程度之大、地下水超采问题之严重。

农业用水资源 黑龙港地区农业种植业发达，为省内提供了大量的农产品支持，但是黑龙港地区主要种植的农作物如小麦、玉米、蔬菜等均属于耗水较高的农作物。农业用水如今已经成为黑龙港地区水资源消耗极为重要的部分，农业用水量甚至可以达到地区总用水量的65%以上（张晓，2017）。在自身水资源极度紧张情况下，黑龙港地区农业种植业亟需向节水农业转型升级。

4.2.3 黑龙港地区水资源现状下谷子生产优势性分析

由2020年黑龙港地区市县统计资料汇总显示：黑龙港地区粮食作物主要为小麦、玉米，其中本地区小麦播种面积120.7万公顷，占地区总作物播种面积的37.99%；玉米播种面积136.8万公顷，占地区总作物播种面积的43.06%；其他如蔬菜、棉花、油料和谷子的播种面积分别为20.35万公顷、18.64万公顷、8.54万公顷和2.98万公顷，分别占总播种面积的6.40%、5.87%、2.69%和0.94%。从黑龙港地区的农作物播种面积结构中不难看出，小麦、玉米、棉花和蔬菜这些耗水作物种植比例明显过高，与之相反的节水作物谷子的种植比例却较低。结合表4-8农作物生长期需水情况可知，小麦不仅播种面积大且在生长期内耗水最严重；其次是蔬菜、棉花这两种播种面积占比较高的作物，其生长期内耗水也是十分严重；夏玉米生长期内需水量虽与降水量基本持平，但实际上农户为了保证玉米丰产也会在生长期内进行多次灌溉，由于播种面积最大，其耗水量也不可忽视。在庞大的农业用水消耗与地区水资源压力下，当前黑龙港地区的高耗水农业种植结构亟待调整。谷子作为旱作雨养作物之一，其抗旱耐贫瘠的天然特性使得其生长期内对水分需求相比其他几种高耗水作物需求要小很多。此外，谷子生长期正处于黑龙港地区的夏季雨水期，除特别干旱年份外，自然降水完全可以补充谷子生长的水分需求，因而可以大大减轻本地区的农业灌溉压力。在当前水资源约束形势下，适度推广谷子种植正是本地区农业种植结构调整、发展节水农业的一个可供选择的方向之一。

表 4-8 黑龙港地区主要农作物生长期需水情况

作物名称	生长期有效降水量（毫米）	作物需水量（毫米）	作物缺水量（毫米）
冬小麦	136.1	517.4	381.3
夏玉米	397.5	337.6	−59.9
谷子	402.0	299.8	−102.2
棉花	417.0	506.5	89.5
蔬菜	180.0	530.0	350.0
瓜类作物	140.0	340.0	200.0

数据来源：中国主要农作物需水量等值线图协作组，1993.

4.2.4 黑龙港地区谷子生产现状分析

图 4-9 结果显示：黑龙港地区谷子种植面积整体呈下滑趋势，与河北省谷子种植面积变化趋势基本一致。近 10 年来，黑龙港地区谷子的种植面积从 3.8 万公顷下降到 3.0 万公顷，种植面积减少近 1/4。从区域内部来看（图 4-10），南部的邢台市谷子种植区是黑龙港地区谷子种植面积最大的地区，其常年种植面积占该区 60% 以上，但是在全省地下水压采、自然气候灾害、谷子产品市场、农户心态等多重因素影响下，谷子种植面积呈现先升后降的态势，2017 年达到近年来最低点，之后随着谷子产品市场行情转好，种植面积有所恢复，但恢复反弹的幅度非常有限。相对而言，衡水、沧州由于谷子种植面积相对较少，十年间虽存在波动下滑趋势，但整体变化不大，近年来种植面积仅保持在 3 000～5 500 公顷。此外，由于邯郸谷子种植主要集中在武安等冀中南区，分属于黑龙港区域的谷子种植面积相对较少，常年仅保持在 2 500 公顷左右。在县域谷子种植分布方面，根据相关统计，邢台南宫市、威县、广宗县和衡水南部枣强县谷子常年种植面积和产量在黑龙港地区优势明显。此外，如沧州黄骅市、盐山县等盐碱严重区域谷子年均种植面积和产量也比较靠前。这种区域分布基本与黑龙港区自然生态和水资源短缺特点基本匹配。

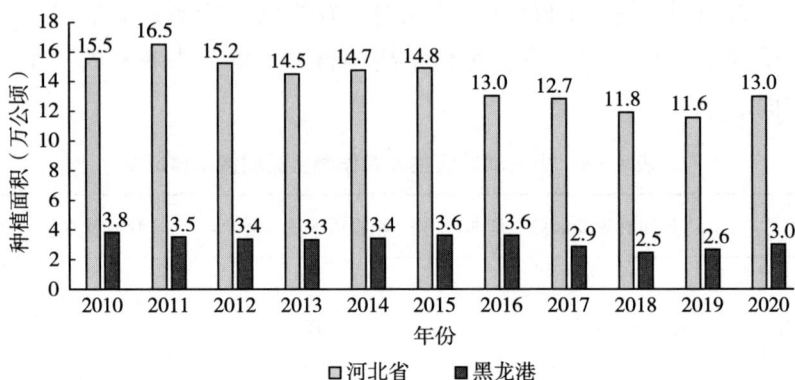

图 4-9 2010—2020 年河北省与黑龙港地区谷子种植面积变化

数据来源：2011—2021《河北农村统计年鉴》《衡水统计年鉴》《沧州统计年鉴》《邯郸统计年鉴》《邢台统计年鉴》。

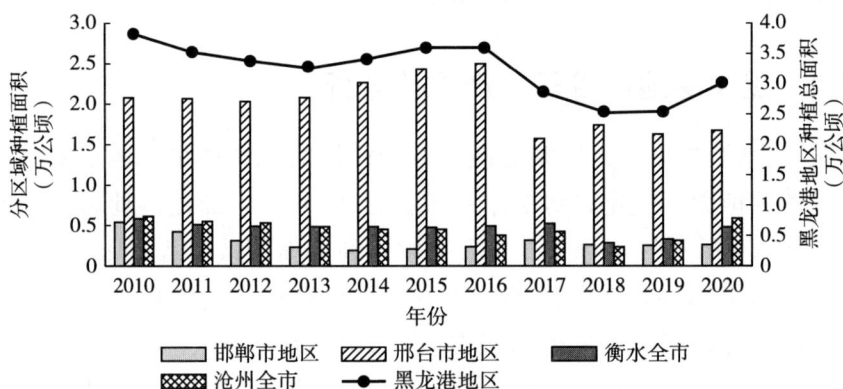

图 4-10 2010—2020 年黑龙港地区内部谷子种植面积变化

数据来源：2011—2021《衡水统计年鉴》《沧州统计年鉴》《邯郸统计年鉴》《邢台统计年鉴》。

4.2.5 黑龙港地区谷子生产效益的动态分析

为了更加直观地展现黑龙港地区谷子生产效益的动态变化，引入了与谷子具有突出争地矛盾的同季玉米作物为参照，并结合 2010—2020 年《河北省农产品成本调查资料汇编》中黑龙港地区相关县（市、区）的谷子、玉米生产成本收益统计调查汇总数据，对黑龙港地区谷子生产要素投入及生产效益进行了比较分析。

（1）经济效益动态分析。谷子的经济效益直接影响着谷子种植者的经济收入，经济效益的好坏则直接影响着谷子生产者是否能够继续进行谷子生产，因此谷子的经济效益是谷子生产效益最重要的组成部分，本部分将通过谷子投入产出要素对谷子经济效益进行动态分析。

产出分析　亩产值是单位面积谷子所产出的实际现金收益，是影响谷子产出收益的重要因素，亩产值越高则谷子的生产经济效益越好。谷子亩产值变化如图4-11所示，由于受谷子单产水平及谷子收购价格双重提升影响，2010—2014年期间黑龙港地区谷子亩产值快速增长，并在2014年达到峰值；2014—2015年间，受谷子收购价格下滑的影响，黑龙港地区谷子亩产值呈现下降趋势；2015年后，谷子亩产值呈稳定增长趋势，亩产收益有所回升。根据图4-11数据对谷子亩产值与玉米亩产值进行比较可以看出：谷子亩产值是要略高于玉米亩产值的。其主要原因是谷子平均收购价格要远高于玉米平均收购价格（谷子平均收购价格约为玉米收购价的两倍左右），因此在一定程度上弥补了谷子单产水平不足的缺陷。

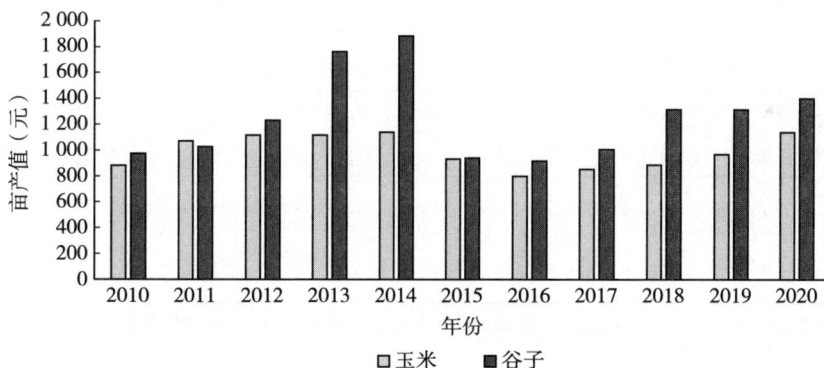

图4-11　2010—2020年黑龙港地区谷子与玉米亩产值水平变化

数据来源：2010—2020年《河北省农产品成本调查资料汇编》典型县（区）生产调查数据。

投入分析　谷子生产的总成本是谷子种植者在谷子生产过程中所投入各种要素的总和，即谷子生产的物质服务费、人工成本以及土地成本之和。谷子生产总成本越低则谷子生产所获得的效益越好。表4-9结果显示：由于受人工成本的快速上涨以及谷子生产资料价格上扬与土地成本逐年增加的多重影响，谷子总成本呈快速上升趋势，近几年日趋接近玉米生产成本，甚至近两年略有超出。谷子总成本由 2010 年的 552.84 元/亩上涨到 2020 年的 1 014.98 元/亩，近十年间谷子生产总成本增幅高达 83.59%。与之相比的玉米总成本虽然也经历了快速上涨，但上涨增幅要略低于谷子，仅为 75.38%。通过对谷子、玉米的总成本构成进行比较可以发现：谷子的人工成本在总成本中占比明显，且人工成本花费相比玉米也更多。这是由于谷子的机械化水平低于玉米，因而对人工投入需求更高、花费更大。此外，物质与服务费用也可以反映出谷子、玉米的机械化程度差异。与谷子相比，玉米的物质服务费用中机械化作业费用要占据很大比例，同时再加上对水肥、农药的高消耗，因此玉米的物质服务费用在总成本中占比更明显，相比谷子的物质服务费用也更多。

表 4 - 9　2010—2020 年黑龙港地区谷子与玉米成本变化

项目		2010	2011	2012	2013	2014	2015	2016	2017	2018	2019	2020
总成本 (元/亩)	谷子	552.84	537.94	610.08	638.52	729.08	844.95	889.42	925.53	952.60	1 000.46	1 014.98
	玉米	546.27	639.67	691.07	738.41	822.43	926.64	926.43	938.69	933.85	957.31	958.04
人工成本 (元/亩)	谷子	234.00	254.28	310.00	300.15	421.85	525.64	582.75	616.20	631.80	669.81	691.05
	玉米	190.85	211.83	227.76	251.10	310.84	387.18	402.87	395.59	378.38	392.66	389.90
土地成本 (元/亩)	谷子	117.50	107.50	107.50	105.00	108.00	112.30	116.00	113.40	112.00	115.70	114.00
	玉米	118.42	141.86	155.03	167.88	175.60	188.86	190.99	190.45	190.74	192.09	199.73
物质与服务费 (元/亩)	谷子	195.34	176.17	192.58	233.37	199.23	207.01	190.67	195.93	208.80	214.95	209.93
	玉米	237.00	285.98	308.28	319.43	335.99	350.60	332.57	352.65	364.73	372.56	368.41

数据来源：2010—2020 年《河北省农产品成本调查资料汇编》典型县（区）生产调查数据。

（2）社会效益动态分析。黑龙港地区是河北省重要的粮食生产区，谷子的生产必定要承担一部分保障粮食安全的任务。随着地区农业机械化的不断发展，农业机械水平对于提高粮食生产效率、保障粮食安全具有积极作用，农业劳动投入一方面直接反映了农业就业机会的高低，另一方面则间接反映了作物生产过程的复杂程度与机械化程度，劳动力投入越多，则作物生产的机械化水平越低，反之亦然。劳动生产效率则是单位用工在单位时间内所创造的农业生产价值，其反映了对农业发展的贡献程度高低。此外，劳动生产效率的高低也会直接影响农民选择种植谷子的信心与积极性。因此本部分将从劳动力投入和谷子劳动生产率两个要素对谷子的社会效益进行动态分析。

表 4-10 显示，在劳动力投入方面，谷子的每亩用工投入要明显高于玉米，一方面，谷子生产所需要的更多用工投入能够带来更多的农业就业机会，但过高的劳动力需求也会带来更大的人力成本；另一方面，谷子较高的劳动力投入也说明地区谷子生产的机械化水平偏低。在劳动力投入变化上，2010—2020 年间玉米农业劳动力投入呈平稳下降趋势，每亩用工投入由 2010 年的 6.33 天下降到 2020 年的 4.58 天，这说明玉米机械化水平趋于平稳上升，粮食生产效率有所提高。与之相比，谷子的用工投入虽有下降趋势，但下降幅度并不明显，十年间每亩用工投入仅下降了 0.45 天，说明近年来谷子生产机械化水平虽有提升，但幅度不大。此外，根据可获得的数据，本文用单位面积收益与单位面积劳动力成本投入比值来度量劳动生产率，研究结果发现，除 2013—2014 年由于谷子收购价格大幅上涨等特殊因素影响导致的谷子劳动生产率明显高于玉米的情况外，其他大部分年份中谷子的农业劳动生产率均要略低于玉米，说明大部分年份中玉米生产相比谷子生产在劳动效益方面更好、在农业产值发展贡献方面更高。综合来说，就社会效益而言，谷子相比玉米在提供农业就业机会方面有优势，但在粮食种植生产效率、促进粮食供给稳定方面并不占据优势，需要进一步优化谷子生产管理，推进谷子机械化生产。

表 4-10 2010—2020 年黑龙港地区谷子与玉米生产用工和劳动生产率变化

项目		2010	2011	2012	2013	2014	2015	2016	2017	2018	2019	2020
用工投入（天/亩）	谷子	7.90	7.27	7.75	7.12	6.99	7.11	7.23	7.35	7.00	7.40	7.45
	玉米	6.33	6.05	5.68	5.55	5.65	5.68	5.36	5.06	4.84	4.70	4.58
劳动生产率	谷子	1.38	1.56	1.76	2.75	2.99	1.47	1.41	1.52	2.08	1.97	2.09
	玉米	1.40	1.78	1.96	2.02	2.01	1.63	1.49	1.70	1.82	2.06	2.49

数据来源：2010—2020 年《河北省农产品成本调查资料汇编》典型县（区）生产调查数据。

（3）生态效益动态分析。 谷子种植的生态效益目标是节约用水、保护环境。长期以来，水资源匮乏一直是困扰黑龙港地区农业生产的重要问题，因为农业用水不足导致超采地下水更是严重破坏了本地区的生态平衡。此外，农民为了提高作物产量、减少作物病虫害，大量、长期施用化肥农药导致土地污染、土壤板结。以上种种现象既不利于本地区的生态环境稳定，又不利于维持农业生产的绿色、可持续发展。综上，本部分选取亩均灌排水费、亩均化肥施用量、亩均农药费对生态效益进行重点分析（表4-11）。

表4-11　2010—2020年黑龙港地区谷子与玉米生产灌水、化肥和农药投入变化

项目		2010	2011	2012	2013	2014	2015	2016	2017	2018	2019	2020
排灌费 (元/亩)	谷子	13.62	5.94	9.48	11.80	3.33	1.41	0.89	13.29	2.11	2.98	3.00
	玉米	21.91	21.21	17.58	18.10	38.17	42.09	25.74	29.52	28.60	33.43	31.43
农药费 (元/亩)	谷子	5.78	3.69	8.35	7.86	10.35	10.38	9.56	9.39	11.64	15.08	13.50
	玉米	12.01	12.84	13.67	14.86	15.09	16.29	15.46	16.38	16.92	18.00	19.37
化肥施用量 (千克/亩)	谷子	8.94	15.30	18.32	18.58	17.56	14.45	13.47	14.08	14.23	15.56	16.01
	玉米	19.52	18.83	19.26	19.72	20.35	20.96	20.57	20.67	20.78	24.57	21.26

数据来源：2010—2020年《河北省农产品成本调查资料汇编》典型县（区）生产调查数据。

在耗水变化方面，由于谷子生长期内自然降水基本可以补充生长所需水分，因此对排灌水需求不高。除特别干旱年份以外，谷子的排灌水费变化不大。与之相反，由于玉米的高需水特性以及为了稳产需要补充水分而进行多次灌溉，导致其排灌费用要远超谷子。在农药消耗方面，谷子、玉米对于农药消耗均处于上升趋势。但是从农药消耗对比来看，谷子对于农药消耗要低于玉米。在化肥消耗方面，谷子由于自身抗贫瘠特性对化肥消耗常年均低于玉米。综合以上分析，在当前提倡农业绿色发展、节水发展背景下，谷子在水肥、农药消耗上要优于玉米，谷子生产对比玉米来说生态效益更高，对黑龙港地区的农业生态环境也更加友好。

4.2.6　黑龙港地区谷子生产综合效益的实证分析

谷子的种植不仅可以为黑龙港地区农业发展带来经济效益与社会效益，同时还能够为黑龙港地区环境带来更加可观的生态效益，这三种效益又共同组成了谷子的综合效益。为了科学客观地衡量谷子的综合效益水

平，本部分通过借鉴前人学者在农业生产综合效益方面的研究思路与方法，并结合实地调研访谈了解的当地实际情况，构建了谷子综合效益评价指标体系，用以核算谷子综合效益，为推动黑龙港地区农业种植结构调整、推动当地谷子产业集群化发展提供科学依据。

（1）综合效益评价体系构建。

综合效益评价体系构建原则　一是科学性原则。评价指标必须能够客观科学地反映研究作物（谷子）的现实情况，同时必须兼顾不同量纲间的统一，能够具有可比性。一方面在对研究作物（谷子）与对照作物（玉米）进行分析评价时所采用的评价标准和方法须保持一致性；另一方面在将经济效益、社会效益、生态效益进行计量时，能够将多个具体指标数据值转化为无量纲化的效益指数。二是系统性原则。在宏观层面上进行综合效益评价分析时，只需考虑经济效益、社会效益、生态效益三指标，但是以上三大指标并不具备实际可操作性，只能提供一个方向的指引功能。因此必须坚持系统理论，将综合效益的总目标层层细化、分解，接下来进行综合的比较分析，才能系统完整得到研究作物（谷子）的效益评价。三是全面性原则。全面分析、综合评价是谷子综合效益分析的前提。对谷子综合效益分析评价的正确与否直接影响农作物种植结构调整、谷子种植推广决策的可行性与合理性。此外，仅采用一类指标（经济、社会、生态指标）或者单一指标（比如作物单产或总产）去比较分析，其结果必然是片面的，在此基础上形成的决策正确性也是令人质疑的。为了更全面地反映谷子生产的综合效益，必须坚持耦合原则，对各种效益指标进行整合和综合评价，为黑龙港地区种植结构调整、谷子推广提供科学的依据。四是可操作性原则。首先在选择评价体系的具体指标时应尽最大可能的选取可量化方式表达，同时应确保每项指标数据与所反映的实际效益保持一致，以方便后期无量纲化处理与对比分析。此外，注意选取的指标变量的精细程度。虽然指标变量越精细，评价结果越贴切实际、越合理，但是基于现实情况，指标数据越精细获取越困难。因此需要考虑指标变量可操作性，同时对指标变量进行取舍非常必要。

具体评价指标选择与计算　在参考综合效益评价体系构建原则以及第四章对黑龙港地区谷子生产效益动态分析的基础上，选择了以下评价指标，具体如表 4-12 所示。

表 4 - 12 综合效益评价指标体系概览

总指标层	1 级指标层	2 级指标层	单位	作用方向
综合效益 A1	经济效益 B1	亩产值（C1）	元/亩	+
		成本利润率（C2）	%	+
		单产水平（C3）	千克/亩	+
		产投比（C4）	/	+
	社会效益 B2	劳动力投入（C5）	人/亩	—
		农业劳动生产率（C6）	/	+
	生态效益 B3	单位灌溉用水（C7）	元/亩	—
		单位农药施用（C8）	元/亩	—
		单位化肥施用（C9）	千克/亩	—

综合效益评价指标体系可以分为总指标层（A1）、一级指标层（B1～B3）、二级指标层（C1～C9），共 1 个总目标、3 大效益、9 项小指标，指标详情及解释如表 4 - 13 所示。

表 4 - 13 指标解释说明

指标名称	指标解释
亩产值（C1）	指单位种植面积的谷子可以实际获得的现金收入多少，是谷子单位面积产量与平均出售价格的乘积
成本利润率（C2）	指单位谷子种植的净利润与总成本的比值，主要反映了谷子种植生产全过程投入成本的回报水平。其中，总成本＝物质服务费＋人工成本＋土地成本；物质服务费＝种子费＋化肥费＋农药费＋灌溉水电费＋机械作业费；人工成本＝家庭自有劳动力折价＋雇工费；土地成本＝自营地折租＋流转地租金
单产水平（C3）	指每亩可收获的主产品（谷子）数量，单产水平越高，所获得经济效益越好
产投比（C4）	指谷子种植过程中的亩产值与生产成本的比值，比值越大，农民所获得经济效果越好。其中，生产成本＝物质与服务费＋人工成本
劳动力投入（C5）	指谷子种植单位面积下所投入的用工单位数（1 用工单位＝1 人/天），其间接反映了谷子种植的机械化程度。用工单位投入越多，说明种植过程越复杂，可机械化水平低，农民种植热情越差
农业劳动生产率（C6）	代表每个用工单位在单位时间下所创造的产值，数值越高，说明每个用工单位所创造的劳动价值越高，其对于农业发展贡献也越大。农业劳动生产率＝单位产值/（劳动力投入×作物生产周期）

（续）

指标名称	指标解释
灌溉用水（C7）	指农作物在整个生长期内实际灌溉用水，为便于统计收集，本文以水费和排灌费代表
农药施用（C8）	指单位种植面积谷子在生产过程中的农药施用情况，本文以农药费表示。农药费具体包括谷子种植过程中所使用的杀虫剂、杀菌剂、除草剂等费用
化肥施用（C9）	指单位种植面积谷子生产过程中化肥的施用情况，本文以化肥施用量表示

（2）综合效益评价方法选择。为了测算出综合效益评价体系具体指标权重值和谷子生产的综合效益水平，本文基于熵权法、等权重法进行组合赋权，并通过组合权重值结合调研数据计算，最终得出了谷子与同季玉米作物的综合效益测算值，并据此对谷子与同季玉米的综合效益进行分析。

熵权法　熵权法是一种客观赋权方法。它可以利用系统中客观存在的各指标值数据反映系统中指标的重要度。根据信息论阐述，熵是系统混乱程度的度量值，其可以用来表示系统中客观数据的有效信息量。熵越大，表明该指标数据所携带的信息量越小，即该指标项目权重越低；反之，说明指标数据所携带的信息量越大，指标权重值越高。因此，可以利用熵权法对谷子与同季玉米作物的综合效益评价指标权重进行赋权。

熵权法计算指标权重过程如下：

第 1 步：根据评价对象选择相应指标并创建评价矩阵，设有 n 个评价对象，m 个评价指标，则评价矩阵如下所示：

$$x_{ij} = \begin{bmatrix} x11 & x12 & \cdots & x1j \\ x21 & x22 & \cdots & x2j \\ \cdots & \cdots & \cdots & \cdots \\ xi1 & xi2 & \cdots & xij \end{bmatrix} n \times m \qquad (4-4)$$

其中 x_{ij} 指第 i 个评价对象里的第 j 个评价指标值

第 2 步：对评价指标数据进行归一化处理：

$$x'_{ij} = \begin{cases} \dfrac{x_{ij} - \min(x_j)}{\max(x_j) - \min(x_j)} & \text{（正向指标）} \\[3mm] \dfrac{\max(x_j) - x_{ij}}{\max(x_j) - \min(x_j)} & \text{（负向指标）} \end{cases} \qquad (4-5)$$

若指标为正向指标，选用上面公式，若指标为负向指标，选用下面公式。归一化后的数据矩阵可表示为：

$$x'ij = \begin{bmatrix} x'11 & x'12 & \cdots & x'1j \\ x'21 & x'22 & \cdots & x'2j \\ \cdots & \cdots & \cdots & \cdots \\ x'i1 & x'i2 & \cdots & x'ij \end{bmatrix} \qquad (4-6)$$

第 3 步：由于 $x'ij \in [0, 1]$，$x'ij$ 有可能出现零值导致接下来数据处理无意义，因此对归一化处理后的矩阵进行平移处理，公式如下：

$$X'ij = h + x'ij \qquad (4-7)$$

其中 h 值为平移幅度，为了尽最大可能的减小平移对矩阵的影响，不破坏原数据矩阵规律，本文 h 值取 0.000 01。

第 4 步：计算指标的信息熵值、差异系数和权重。

计算第 i 个参数的第 j 个指标的比重 yij：

$$yij = \frac{x'ij}{\sum_{i=1}^{m} x'ij} \qquad (4-8)$$

计算第 j 个指标的信息熵 ej：

$$ej = -\frac{1}{\ln m} \sum_{i=1}^{m} yij \ln yij \qquad (4-9)$$

计算差异系数 gj：

$$gj = 1 - ej \qquad (4-10)$$

计算第 j 个指标的权重 wj：

$$wj = \frac{gj}{\sum_{j=1}^{n} gj} \qquad (4-11)$$

等权重法　等权重法是一种主观赋权法，在等权重法下，会赋予每个指标相同的权重值。为了避免本文指标体系中社会效益、生态效益类指标数量相对较少，对应指标权重不足的问题，因此，基于等权重法将指标权重均选择为 0.11（1/9）进行补偿。

综合效益评价值的计算　本文采用权重和指数加权求和以计算综合效益评价指数 Sj：

$$Sj = \sum_{j=1}^{10} wj' \times x'ij \qquad (4-12)$$

其中 $w'j$ 为组合赋权值，其计算公式为：

$$w'j = \frac{\sqrt{0.11 \times wj}}{\sum\limits_{j=1}^{10} \sqrt{0.11 \times wj}} \quad , \quad j=1,2,3,\cdots,10 \quad (4-13)$$

(3) 谷子综合效益实证分析。

数据来源 本文实证分析所使用的谷子指标数据主要来源于黑龙港地区谷子生产调研数据。其中调研方式为实地调查、电话访谈；调研地域为衡水、邯郸、邢台、沧州 4 市 12 县（区）共收集有效调研数据 158 份；调研主要对象为当地谷子种植户；调研收集内容主要为 2020—2021 年当地农户谷子、其他同季作物（夏玉米）种植概况以及种植水肥管理及成本收益要素等。

经济效益分析 根据表 4-14 统计所示：2021 年调查县区谷子亩产均值在 252 千克，玉米亩产均值在 475 千克，谷子亩产明显低于玉米亩产量。由于播种期干旱、生长期连续阴雨，以及收获期早霜等异常天气影响，2021 年谷子相比往年有小幅减产；夏玉米也由于受生长期后期持续阴雨，以及条锈病病害影响等原因也有所减产。在收购价格方面，2021 年调查农户谷子收购价格区间在 4.6～5.6 元/千克，其中主要种植品种如冀谷、豫谷系列新季收购价在 5.2 元/千克左右，相比 2020 年同时期谷价有所下降；与之相反，2021 年玉米收购价格相比 2020 年同期上涨明显，调查农户新季玉米毛粮收购价普遍在 2.6 元/千克左右。在亩产收益方面，2020 年和 2021 年谷子亩产收益调查均值普遍在 1 350 元/亩左右，但 2021 年由于谷子减产以及价格波动等原因导致亩产收益相比 2020 年略有降低。在成本投入方面，调查县域谷子的生产成本投入要略高于玉米，但谷子在成本利润率上由于亩产收益优势要优于玉米。此外，在不计入生产者个人家庭成员用工成本的前提下，谷子的外部投入（现金成本）要比玉米低得多，其收益率也更高，对于规模种植者而言，谷子外部投入还要更低，主要是规模种植者在化肥、农药和机械作业费用方面更有价格优势。在产投比方面，调查区域谷子 2020 年和 2021 年产投比分别为 1.78 和 1.67，均要优于玉米，但由于谷子减产以及谷价下跌等原因，2021 年谷子产投比值相比 2020 年有所下降。综合上述分析，在当前形势下，谷子在经济效益方面相比玉米有其优势方面，但 2021 年谷子亩产收益下滑可能对于未来农民种植谷子的热情和积极性会产生较大的影响，不利于谷子种植推广。

表 4 - 14　2020—2021 年黑龙港地区谷子、玉米成本收益比较

指标	2020		2021	
	谷子	玉米	谷子	玉米
单产水平（千克/亩）	257	515	252	475
平均收购价格（元/千克）	5.4	2.3	5.2	2.6
亩产值（元/亩）	1 387.8	1 184.5	1 310.4	1 235
总成本（元/亩）	980	975.5	998	995.2
净利润（元/亩）	407.8	209	312.4	239.8
生产成本（元/亩）	780	760	784.5	775.3
现金成本（元/亩）	238.4	345	248.5	363
成本利润率（%）	41.61	21.42	31.30	24.10
产投比	1.78	1.55	1.67	1.59

注：表中数据为 2020—2021 年黑龙港地区调研数据均值。

社会效益分析　在具体社会效益指标方面，如表 4 - 15 所示：谷子与玉米作物相比，谷子的劳动用工投入明显高于玉米，以 2021 年调查县区种植情况为例，谷子每亩劳动力投入为 6.5 天，玉米每亩劳动力投入仅为 4.4 天；谷子生产周期均值为 89 天，玉米生产周期均值为 101 天。由此可以得出，谷子、玉米的农业劳动生产率分别为 2.27、2.78，谷子劳动生产效率要低于玉米。此外，以上调查数据反映出：一方面，谷子种植相比玉米需要更多的劳动力，能够为乡村留守妇女、老人带来了更多的农业就业机会与收入；但另一方面，更多的劳动力需求体现出谷子种植的机械化发展水平相比玉米存在差距，需要更多的人力成本弥补，导致谷子的种植生产效率相对偏低，这可能会影响农民对于谷子的种植积极性。

表 4 - 15　2020—2021 年黑龙港地区谷子、玉米社会效益比较分析

指标	2020		2021	
	谷子	玉米	谷子	玉米
劳动力投入（天/亩）	7	4.5	6.5	4.4
生产周期（天）	89	101	89	101
农业劳动生产率	2.23	2.61	2.27	2.78

注：谷子、玉米生产周期数据来源于 http://www.hbdczy.com。

生态效益分析　对被调研县域的谷子、玉米灌溉用水量、化肥施用

量、农药施用量情况进行了统计，各项指标数据如表 4 - 16 所示，2021年谷子的亩均灌溉水费在 5.0 元，亩均化肥施用量在 17.5 千克，亩均农药费在 24.0 元，均低于玉米。相比上一年度调查均值来看，谷子农药、化肥施用均有小幅度增加。但总体来讲，种植谷子相比同季玉米作物，更有利于本地区生态环境发展、更有利于农业节水。

表 4 - 16　2020—2021 年黑龙港地区谷子、玉米生态效益比较分析

指标	2020		2021	
	谷子	玉米	谷子	玉米
灌溉费用（元/亩）	6.2	26.5	5.0	25.5
化肥施用量（千克/亩）	15.8	20.5	17.5	22.5
农药费用（元/亩）	20.5	25.3	24.0	28.4

注：表中数据为 2020—2021 年黑龙港地区调研数据均值。

实证结果分析　将 2020 年、2021 年的谷子、玉米调研数据值归一化处理，并分别计算谷子与玉米的综合效益权重值，主观层面利用等权重法、客观层次利用熵权法，并组合赋权，各指标权重见表 4 - 17。

表 4 - 17　谷子与玉米综合效益评价指标组合权重表

指标层次	评价指标	权重		
		熵权法权重	等权重法权重	组合赋权值
一级指标	B1	0.465 542 596	0.44	0.455 674 811
	B2	0.230 075 066	0.22	0.226 647 397
	B3	0.304 382 338	0.33	0.317 677 792
二级指标	C1	0.094 136 266	0.11	0.103 184 592
	C2	0.117 644 417	0.11	0.114 772 971
	C3	0.145 833 253	0.11	0.127 785 697
	C4	0.107 928 66	0.11	0.109 931 551
	C5	0.102 449 118	0.11	0.107 104 588
	C6	0.127 625 948	0.11	0.119 542 808
	C7	0.135 047 637	0.11	0.122 969 515
	C8	0.087 423 009	0.11	0.098 938 845
	C9	0.081 911 692	0.11	0.095 769 432

将各指标权重值乘以标准化处理好的谷子、玉米指标数据得到各指标的评价值。将各一级指标层内部进行加权运算，可以得出一级指标层各效益评价值（经济效益值、社会效益值、生态效益值）；将一级指标层效益评价值相加可得综合效益值（表4-18）。综合效益值、各一级指标层效益值（经济效益值、社会效益值、生态效益值）均为正效益性指标，即数值越大说明效益水平越高。

表 4-18　2020—2021 年谷子、玉米综合效益评价值

指标层次	评价指标	效益评价值			
		2020 谷子	2020 玉米	2021 谷子	2021 玉米
总指标层	综合效益 A1	0.641 132 877	0.380 478 485	0.456 855 693	0.400 702 091
一级指标层	经济效益 B1	0.330 318 5	0.127 785 697	0.177 420 224	0.168 335 182
	社会效益 B2	0	0.185 578 394	0.029 291 059	0.226 647 397
	生态效益 B3	0.310 814 377	0.067 114 394	0.250 144 411	0.005 719 512
二级指标层	亩产现金收益 C1	0.103 184 592	0	0.063 900 345	0.025 631 195
	成本利润率 C2	0.114 772 971	0	0.056 164 287	0.015 234 847
	单产水平 C3	0.002 429 386	0.127 785 697	0	0.108 350 61
	产投比 C4	0.109 931 551	0	0.057 355 592	0.019 118 531
	劳动力投入 C5	0	0.102 985 181	0.020 597 036	0.107 104 588
	农业劳动生产率 C6	0	0.082 593 213	0.008 694 022	0.119 542 808
	单位灌溉用水 C7	0.116 106 1	0	0.122 969 515	0.005 719 512
	单位农药施用 C8	0.098 938 845	0.029 533 984	0.073 834 959	0
	单位化肥施用 C9	0.095 769 432	0.037 580 41	0.053 339 937	0

（4）综合性分析。

综合效益分析　根据综合效益测算，调查区域 2020 年种植谷子和玉米的综合效益值分别约为 0.641 1 和 0.380 5，2021 年种植谷子、玉米的综合效益值分别约为 0.456 9 和 0.400 7，即在黑龙港地区近两年种植谷子的综合效益水平是优于同季玉米作物的。从 2020—2021 两年间谷子、玉米生产的三大效益值数据测算结果来看：首先，谷子的生态效益测算值要远超玉米生态效益测算值，这说明在黑龙港地区种植谷子相比种植玉米对于本区域农业生态环境要更加友好，也更适合黑龙港地区水资源条件；其次，谷子的经济效益测算值相比玉米测算效益值水平略高，这说明在黑龙港地区种植谷子具有相对不错的经济效益；最后，谷子的社会效益测算值与玉米社会效益测算值相比处于劣势，这说明谷子相比玉米而言在促进农业机械化、推动粮食生产效率提高方面存在不足，有待提高。总之，通过效益对比分析可以得出：在黑龙港地区种植谷子的综合效益水平可观，同时说明适度推广谷子种植是本地区调整农业种植结构、发展节水农业的可供选择方案之一。

经济效益分析　2020 年区域谷子与同季玉米作物的经济效益测算值分别约为 0.330 3 和 0.127 8，而 2021 年区域谷子与同季玉米作物的经济效益测算值分别约为 0.177 4 和 0.168 3。这说明 2020—2021 年谷子的平均的经济效益水平相比同季玉米作物的经济效益水平具有一定优势。除单产水平指标效益项以外，谷子相比玉米在亩产现金收益、成本利润率和产投比指标效益方面具有比较显著的优势。此外，2021 年谷子经济效益值相比 2020 年经济效益值有所下降。一方面，受 2021 年谷子减产和谷价下跌的影响使得谷子亩产收益水平下降幅度比较大，这是导致谷子经济效益各项指标下降的主要原因；另一方面，谷子生产成本相比往年有所提高，也促使了谷子的成本利润率、产投比指标效益值的下降。总之，为了保持现有的谷子生产经济效益优势，继续稳定提升谷子的经济效益水平，需要控制好谷子的生产成本、优化种植管理，此外也需要增强谷子生产的抗风险能力，降低谷子灾害减产以及市场风险造成的收益损失。

社会效益分析　2020 年该区域谷子与同季玉米作物的社会效益测算值分别约为 0 和 0.185 6，2021 年的谷子与同季玉米作物的社会效益测算值分别约为 0.029 3 和 0.226 6，谷子的社会效益值要远低于同季玉米作物的社会效益值水平。在具体指标效益测算方面：谷子劳动投入指标效益值偏低，说明谷子生产的劳动需求偏高，这虽一定程度有助于增加农业就业机会，但也同时反映出谷子生产过程的机械化水平要低于玉米机械化水平，从而不利于地区粮食生产效率的提高，不利于保障区域粮食供给。谷子的农业劳动生产率效益值偏低，说明谷子种植劳动过程中单位用工投入所创造的农业产值贡献要低于玉米，即种植谷子的单位劳动效率要低于种植玉米，这在一定程度会降低农民对于谷子的种植热情与积极性，影响谷子种植推广。总之，要提升谷子的社会效益水平，实现推进农业生产机械化、提升粮食生产效率的目标，必须稳步推进谷子机械化生产和推广精简化栽培技术，减少谷子生产的人工投入。

生态效益分析 2020 年谷子与同季玉米的生态效益测算值分别约为 0.310 8 和 0.067 1，2021 年谷子与同季玉米的生态效益测算值分别约为 0.250 1 和 0.005 7。从测算数值来看，黑龙港地区的谷子生态效益值要远超玉米生态效益值。从具体指标项来看，近两年的谷子的灌溉用水、化肥和农药施用指标效益值均要比玉米的效益值更好。究其原因：一方面是因为本地区谷子种植大多为旱作雨养模式，与玉米相比灌溉需求少、灌溉用水消耗极低；另一方面，谷子抗性高、耐贫瘠的生长特性使得其对化肥、农药施用消耗需求相比玉米要更低。此外，值得注意的是，相比 2020 年谷子生态效益测算值，2021 年谷子生态效益测算值有所下降，根据调查，一方面是生产资料价格上涨导致的，另一方面是小农户在谷子种植管理过程中农药、化肥施用浪费现象增加造成的，因此需要优化农户的农药、化肥施用管理，从而进一步促进谷子生态效益发挥。

────────────── **本 章 小 结** ──────────────

第一，武安市是河北省谷子生产面积最大的县级市，在邯郸市的谷子生产中更是占有主导性地位，其面积和产量均占据邯郸市总体的六成左右，是河北省谷子生产典型代表区域。从 2007—2020 年共 14 年对武安市谷子生产的播种面积、单位面积产量以及总产量的变化进行动态分析可知，谷子播种面积呈波动上升的趋势，单产以及总产量呈两阶段变化趋势，整体变化起伏大；谷子生产的成本投入和总产值都不断上升，但是净利润却有所下降，主要原因在于人工成本较高。随着谷子生产经营主体的多元化，不同经营管理模式下，谷子生产的收益出现分化，实地调研结果显示，收益排序依次为新型经营主体＞合作社成员户＞普通农户，从而也表明了新品种和新技术的采纳、规模化生产等在提高谷子生产效率方面具有重要的促进作用。而基于数据包络分析法分别从时间和空间视角对武安市谷子的生产效率测算的结果显示，相对于河北省其他 6 个典型的谷子产区（涉县、临城县、临西县、蔚县、万全区和怀来县等），武安市的谷子生产效率居于首位；但是武安市谷子生产在合理投入生产要素以及提高技术水平等方面仍具有进步空间。基于此，通过构建 Tobit 模型从生产要素投入、经济、自然、资源和财政共五个方面选取了 11 个指标进一步对影响武安市谷子生产效率的因素进行分析。结果表明，播种面积、降水量、亩均用工量、肥料、农药和固定资产投入等对武安市谷子生产效率具有显著影响，而地区生产总值、每亩补贴收入、乡村劳动力资源数量对武安市谷子生产效率不具有显著的影响。

第二，黑龙港地区十分适宜谷子等旱作雨养作物的种植推广。在当前黑龙港地区地表水资源稀缺、地下水资源保护性开采的情况下，适度推广谷子种植是黑龙港地区调整农业种植结构、发展节水农业的可供选择方案之一。该区谷子生产综合效益测算结果显示，与当地同季竞争作物玉米生产相比，2020 年、2021 年谷子的综合效益值分别是玉米的 1.68 倍、1.14 倍。由于近年来系列高产品种推广应用，谷子单产水平提高，加之谷价上涨等原因，谷子生产的直接效益日趋提高，相比玉米在经济效益方面优势明显；由于其节水节肥的特性其生态效益明显高于玉米；但是社会效益与玉米相比不具有优势，随着农业生产人工成本上涨，需要优化谷子生产人工投入的管理，推进谷子生产的轻简化栽培和提高机械化作业水平。同时也发现该区谷子生产存在着一些不可回避的问题：一是自然灾害风险和市场风险频发，不确定性增强；二是在各种因素作用下，区域谷子的单产水平年际间呈现不稳定状态，影响农户心态和种植积极性，单产的稳定和提升仍是当地谷子产业发展不可忽视的问题；三是相对于玉米等其他争地作物而言，谷子生产的农业劳动投入相对过多，虽在促进农民就业上有其优势，但在促进谷子规模生产和提高生产效率方面有一定制约；四是谷子生产中农药、化肥等的施用量近年来有增加趋势，需要进一步优化农户谷子种植管理，推进绿色生产方式转型发展。

5 | 河北省谷子加工与贸易

5.1 河北省谷子加工与销售

5.1.1 谷子加工

谷子适口性好，营养成分容易被人体消化吸收，可以加工成为小米以及小米粉、小米馒头、小米挂面、小米饮料等各类食品。根据相关学者的研究结果，目前我国谷子消费 80％以上用作米粥，原粮初加工产品——小米在谷子加工中占主导地位（马玉华，2019）。河北省的石家庄藁城区、沧州孟村县、张家口蔚县、邯郸曲周县四大小米集散地汇集了众多谷子加工企业，但是多为小型家庭式加工作坊，对谷子的加工仍然停留在脱壳加工成小米的初级阶段，出米率在 60％～70％。谷子的深加工产品虽然有，例如张家口怀来县北宗黄酒酿造有限公司的小米黄酒、石家庄藁城区河北惜康农业科技有限公司的寿之本小米酒、小米醋，邢台南和的小米煎饼等，但是类型和数量都十分有限。以河北惜康农业科技有限公司为例，每年谷子初级加工产品小米占全部产品的比例达到 90％以上，小米酒、小米醋、小米锅巴等深加工产品占全部产品的比例不足 10％，最新研发的小米油还未批量生产和投放市场。此外，由于谷子的特殊口感以及加工技术水平有限，目前谷子深加工产品尚未形成工业化规模化生产。整体来看，目前河北省谷子产品的深加工水平比较低，产业化水平也不够。谷子产业链结构如图 5-1 所示。

5.1.2 谷子及小米销售

在谷子及其产品销售方面，通过对谷子种植户的走访调查发现，零散的小农户一般直接把晾晒好的原粮卖给中间商，中间商将收购的原粮销售

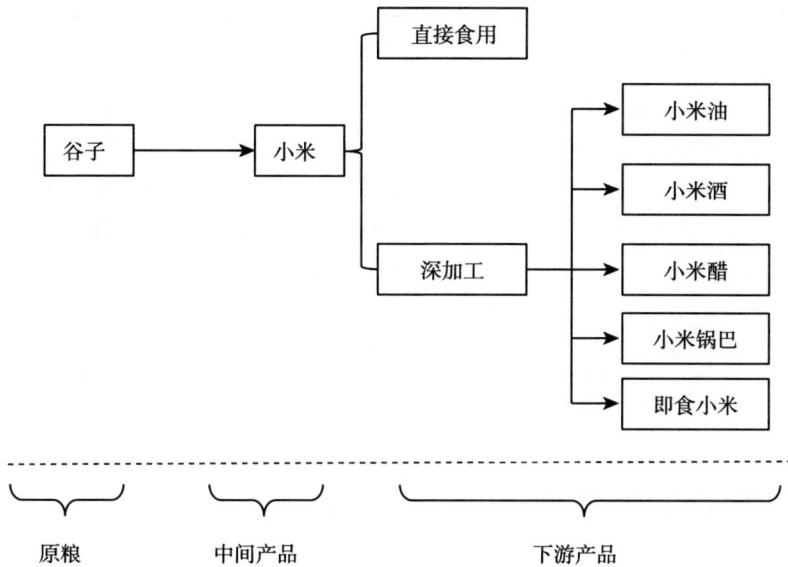

图 5-1 谷子产业链结构图

资料来源：卓创资讯年度报告。

给小米加工企业，主要范围以本省及山西为主，2021 年每千克谷子的销售价格众数集中在 3.6～6.0 元；而一些种植大户除了部分以原粮形式销售给小米加工企业，还会自留部分原粮加工成小米后再对外销售，2021 年每千克小米的销售价格众数在 6～10 元。

通过对谷子加工及贸易企业的走访调查发现，河北省小米销售范围涉及全国各地，其中周边省市如北京、天津、河南、山东、山西等地市场份额能达到 50% 以上，是我省小米产品的主要销售市场；随着人口流动的加快和人们饮食需求的提高，南方市场也正在逐步扩大。一些中小型加工企业依托区域优势、品种特色等打造精品小米，以 1.5 千克、2.5 千克、5 千克的小包装为主，也有一些精美礼盒包装，主要是卖给经销商或自己零售，销售方式为线上线下相结合；小型家庭式的加工作坊主要发展"订单模式"，产品单一，以谷子初加工产品小米为主，价格也比较低端，但是加工能力非常强，以 25 千克大包装为主，一般整车大量批发至全国各地，销售方式以线下为主。从全国层面来看，各主产区及河北省谷子贸易流向如表 5-1 所示。

表 5-1 各主产区及河北谷子贸易流向

主产区	主要贸易流向及占比
内蒙古	内蒙古（40%）；河北（20%）；山东（10%）；河南（5%）；山西（10%）；陕西（10%）；其他（5%）
吉林	吉林（20%）；河北（40%）；山东（20%）；河南（15%）；其他（5%）
辽宁	辽宁（40%）；河北（30%）；山东（15%）；陕西（10%）；其他（5%）
山西	山西（60%）；河北（20%）；陕西（15%）；其他（5%）
陕西	陕西（90%以上）；其他（不到10%）
河北	河北（70%）；山西（20%）；其他（10%左右）

资料来源：卓创资讯年度报告。

5.2　谷子对外贸易

5.2.1　全国谷子出口总体情况

（1）出口量及出口额。从近年谷子出口数据统计来看，我国目前谷子出口量基本维持在 4 000～6 000 吨的水平，而且呈现下降趋势，如图 5-2 所示，2019—2021 年出口量分别为 6 144.6 吨、5 300.0 吨和 4 596.6 吨，年均降幅为 13.51%。而年出口额由于谷价水平的差异而表现出与年出口量不同的走势，如图 5-3 所示，2019—2021 年 3 年间出口额分别为 3 614.2 万元、4 418.4 万元和 4 177.5 万元，年际间变幅分别为＋22.25%和－5.45%。

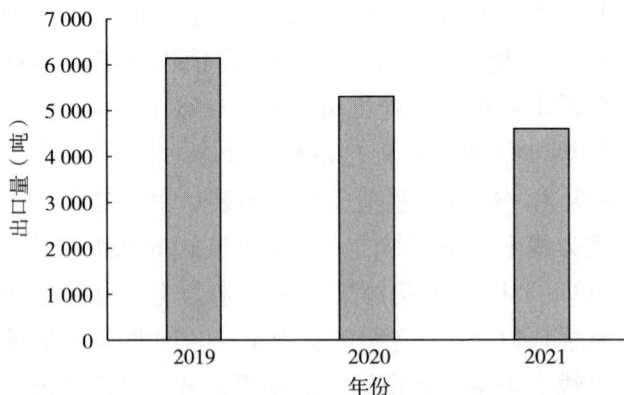

图 5-2　全国谷子出口数量

数据来源：谷粮商务信息网。

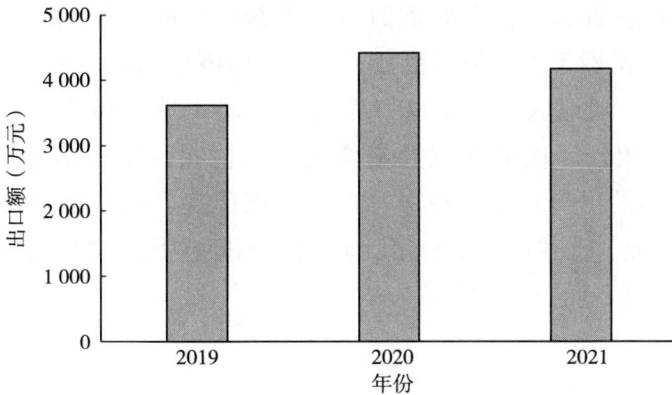

图 5-3　全国谷子出口金额

数据来源：谷粮商务信息网。

（2）主要谷子出口省市。 根据 2021 年海关数据显示（图 5-4），国内谷子出口省市主要涉及辽宁省、山东省、天津市、甘肃省、江苏省、河北省、上海市、山西省、吉林省、安徽省、江西省、广东省、福建省、浙江省、四川省和云南省等 16 个省（直辖市），其中位居前五位的辽宁省、山东省、天津市、甘肃省、江苏省的出口总量占到了全国谷子年出口总量的 83.82%，可以看出主要出口省份与国内谷子主产区谷子产量表现并不一致。

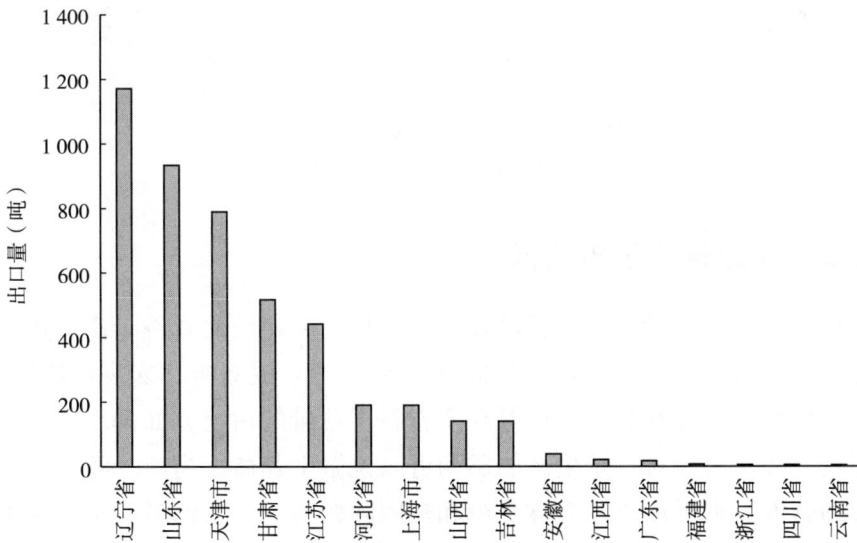

图 5-4　谷子主要出口省份

数据来源：谷粮商务信息网。

（3）出口国家分布。根据 2021 年海关统计数据显示（图 5 - 5），我国谷子出口总量虽然不大，但是覆盖了韩国、印度尼西亚、德国、日本、越南等 31 个国家和地区，其中出口韩国数量居于第一位次，年输出量为 1 113.91 吨；出口印度尼西亚数量位居第二位次，年输出量 775.10 吨；向德国和日本的出口量分别位居第三和第四位次，出口量分别为 723.54 吨和 600.87 吨。上述四个出口量比较大的国家从我国进口谷子的总量占到了我国出口总量的 69.91%。

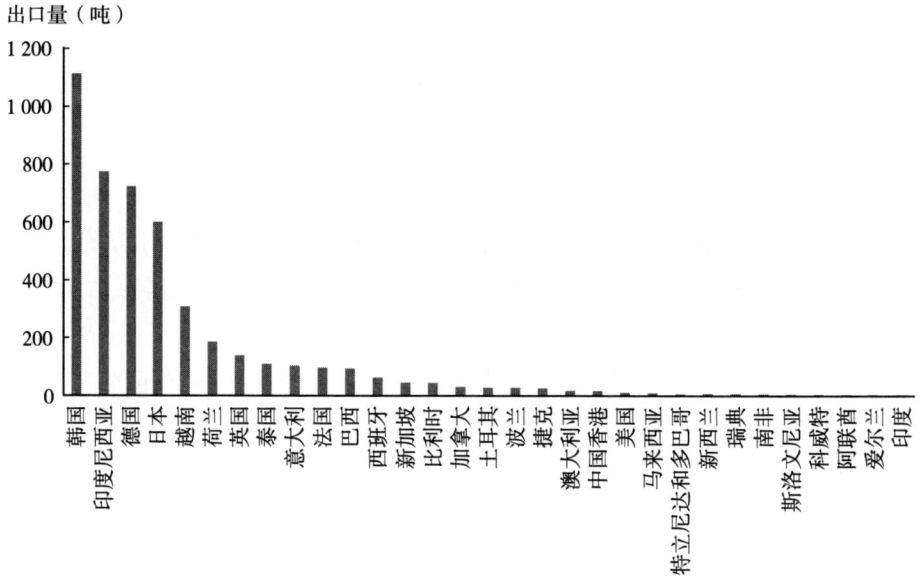

图 5 - 5　我国谷子主要出口国家分布

数据来源：谷粮商务信息网。

5.2.2　河北省谷子出口情况

从 2019—2021 年的海关数据来看（图 5 - 6），河北省谷子出口量占全省谷子总量的比例非常小，尤其是 2020 年以来，受各方面宏观环境影响，谷子出口量无论是在总量上还是在全省谷子总量的占比方面都出现了一个断崖式下降，出口对谷子生产的驱动可以说微乎其微。当前，随着人们对全谷物营养需求增加以及全球饥饿和贫困问题解决，人们对谷子等粟黍类作物的重视程度也日益提高，尤其是联合国粮农组织关于"国际小米年（2023）"行动的启动，挖掘谷子出口潜力、从需求端解决谷子出口问题可能会成为未来谷子产业发展引力之一。

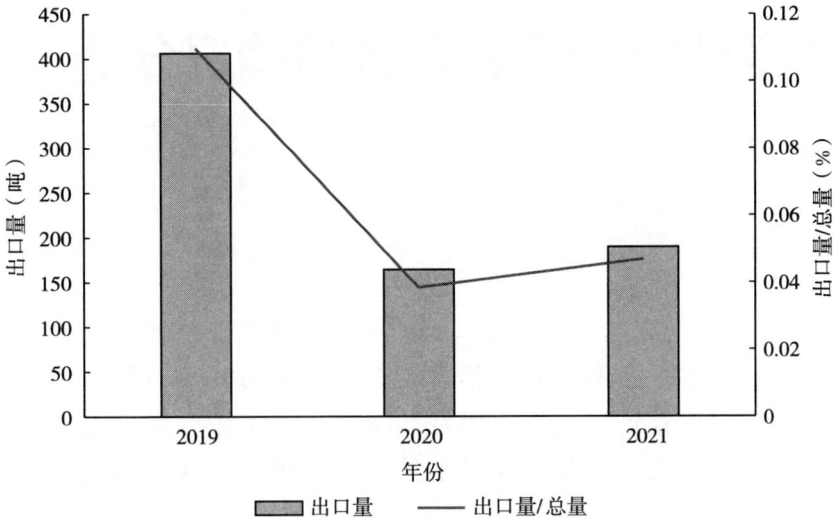

图 5-6　河北省谷子出口贸易情况

───────────── 本 章 小 结 ─────────────

河北省是我国谷子重要的生产和贸易省份，谷子加工产业链已经基本形成，但是总体来看，谷子加工产品仍然以传统的初加工产品——小米为主，深加工产品虽然具有了多品类、多元化的特征，但是深加工产品总体占比较低。谷子加工企业基本形成了以藁城、吉家庄、曲周和盐山四大集散地为依托的集中布局和各地零星分布的分散布局相结合的格局，承担着来自全国各地谷子原粮收购和小米加工的任务，小米贸易和加工量在全国处于领先地位。但是，小米对外贸易整体处于比较低的水平，是该产业未来发展可进一步挖掘的驱动因素之一。

6 | 河北省谷子产品消费情况分析

    "健康中国"之合理膳食行动是当前我国重要的战略行动。随着我国居民收入水平不断提高，消费观念和消费方式实现转变，饮食上也由过去的"吃得饱"向"吃得好"转变。谷子作为我国北方地区的主要的栽培作物之一，其产品以独特的营养价值和保健功能以及绿色安全的品质特性，成为北方大部分城乡居民家庭消费的重要组成部分，其各类加工产品，尤其是小米以及小米制成的加工品，在居民日常消费中的地位不断上升。但审视谷子产品消费市场，仍然存在消费总量不高、消费形式单一、品牌意识淡薄等问题。河北省是我国谷子生产和消费的大省，研究河北省居民谷子产品消费及其影响因素能够更好地挖掘河北省居民谷子产品的消费需求，更好地引导河北省谷子产业的高质量发展。

6.1　数据来源与样本分析

    本次调研的对象为河北省城乡居民，数据和相关信息主要来源于2020—2021年河北省现代农业产业技术体系杂粮杂豆产业经济岗团队在全省的实地访谈和问卷调查。调研地点涉及了河北省保定市、张家口市、石家庄市、廊坊市、唐山市、邢台市、承德市、秦皇岛市、沧州市、邯郸市、衡水市 11 个市，实际收回问卷 531 份，剔除信息误填、缺失等无效问卷 39 份，收回有效问卷 492 份，问卷有效率达到 92.6%。调查数据用 SPSS. 21 软件整理并进行统计分析。492 个居民消费者的个体特征和家庭特征分布情况如表 6-1 所示。

表 6-1　数据样本特征

特征	类型	选项	人数（人）	百分比（%）
个体特征	性别	男	170	34.6
		女	322	65.4
	年龄	18 岁以下	16	3.3
		18~25 岁	239	48.6
		26~45 岁	83	16.8
		46~55 岁	118	24.0
		55 岁以上	36	7.3
	受教育程度	初中及以下	124	25.2
		高中或中专	67	13.6
		大专/本科及以上	301	61.2
	常居地	城镇	222	45.1
		农村	270	54.9
	婚姻状况	未婚	266	54.1
		已婚	226	45.9
家庭特征	家庭规模	1 人	3	0.6
		2 人	19	3.9
		3 人	136	27.6
		4 人	207	42.1
		5 人及以上	127	25.8
	家庭年收入	2 万元以下	40	8.1
		2 万~5 万元	128	26.0
		5 万~8 万元	138	28.0
		8 万~11 万元	130	26.4
		11 万元以上	56	11.4
	是否居住在谷子主产区	是	57	11.6
		否	435	88.4

数据来源：实地调研整理所得。本章以下表同。

注：调研对象主要涉及 18 岁以上成年人，在其中有少部分主观判断能力比较强的 18 岁以下的未成年人也选取其中。

　　在调研的 492 位居民消费者中，男性居民占比 34.6%，女性居民占比 65.4%，女性居民的占比要显著高于男性；从年龄结构来看，18 岁以

下、18~25 岁、26~45 岁、46~55 岁、55 岁以上的居民占比分别为
3.3%、48.6%、16.8%、24.0%和为 7.3%；被调查者的受教育程度主
要集中于初中及以下和大专或本科及以上，占比分别为 25.2%和 61.2%；
已婚人数与未婚人数大体相近，均为 50%左右。

大多数被调查者的家庭人数为 3 人或者 4 人，其中 4 人之家的比例相
对较高为 42.1%。样本户在城镇、农村分布相对均衡，均为 50%左右，
其中 11.6%的居民消费者居住在谷子主产区，88.4%的居民消费者居住
在非谷子主产区。被调查者家庭年收入分布最集中的是 5 万~8 万元，占
比为 28.0%，其次为 8 万~11 万元和 2 万~5 万元，占比分别为 26.4%和
26.0%，11 万元以上的占比为 11.4%，2 万元以下的占比最少为 8.1%。

6.2　河北省居民谷子产品消费现状

6.2.1　河北省居民对谷子产品的认知情况

在调查的 492 个居民消费者中（表 6-2）可以看出，45.1%的居民对
谷子产品比较了解，26%的居民对谷子产品非常了解，21.7%的居民对谷子
产品了解一点，仅有 7.2%的居民不了解谷子产品。由此可见，绝大部分的
河北省居民对谷子产品具有一定的了解，仅有少部分居民对谷子产品几乎
完全不了解。访谈过程中发现，河北省绝大部分居民在家庭的日常食品消
费中受代际传承或家庭成员消费习惯的影响，对小米及一些常见的小米加
工产品消费较多，尤其是小米饭、小米粥及各类小米面食产品等；相当部
分的消费者对市场上存在的一些谷子深加工产品了解并不多，但是绝大多
数人认为食用小米比小麦、玉米等大宗作物可能更有利于健康，这可能也
是当前很多年轻人越来越推崇谷子产品消费的重要原因之一。

表 6-2　河北省居民对谷子产品的了解程度

对谷子产品的了解程度	人数（人）	百分比（%）
非常了解	128	26.0
比较了解	222	45.1
了解一点	107	21.7
不了解	35	7.2
合计	492	100.0

6.2.2 河北省居民谷子产品实际消费情况

根据调研的 492 个居民消费者统计得出，413 位居民消费过谷子产品，占样本总体的 83.9%，79 位居民没有消费过谷子产品，占样本总体的 16.1%（表 6-3）。由此可以看出，绝大部分河北省居民消费过谷子产品，这说明谷子产品在河北省城乡居民中的普及度较高。

表 6-3　河北省居民谷子产品实际消费情况

是否消费过谷子产品	人数（人）	百分比（%）
是	413	83.9
否	79	16.1
合计	492	100.0

6.2.3 河北省居民谷子产品消费形式

根据实际调研结果可知有 413 位居民实际消费过谷子产品，由表 6-4 可以看出，实际消费谷子产品的居民中，92% 的河北省居民实际消费小米（蒸饭或煮粥），59.6% 的河北省居民选择将小米与面粉等搭配使用，45.8% 的河北省居民直接购买小米休闲食品，32.4% 的河北省居民直接购买小米醋等小米发酵品，2.2% 的河北省居民实际消费其他谷子产品。由此可以看出，当前河北省居民谷子产品消费的形式虽然具有一定的多元性，但以传统小米蒸饭或小米煮粥以及与面粉等搭配使用为主，深层次加工品消费相对较少。

表 6-4　河北省居民谷子产品消费形式

居民谷子产品消费形式		人数（人）	百分比（%）
小米	蒸饭或煮粥	380	92.0
小米加工品	与面粉等搭配使用	246	59.6
	直接购买休闲食品	189	45.8
	直接购买发酵品	134	32.4
	其他	12	2.9

6.3 河北省居民谷子产品消费偏好

6.3.1 总体消费偏好

谷子自古以来就是北方居民的重要粮食作物之一,其制作方法丰富多样,不尽相同。由表6-4可以看出河北省居民谷子产品的消费形式为小米(蒸饭或煮粥)、与面粉等搭配使用、直接购买休闲食品、发酵品(小米醋、小米酒等)和其他产品等。本研究以"您最偏爱(或最喜欢食用)的谷子产品是什么?"来识别居民的消费偏好,统计结果如表6-5所示,所有实际消费过谷子产品的413位居民中,以小米(蒸饭或煮粥)、小米面食产品、休闲食品、谷物发酵品和其他产品作为消费偏好的人数所占比例分别为45.0%、30.5%、16.0%、7.7%和0.8%。由此可以看出,河北省居民对谷子产品的需求偏好仍然以小米蒸饭、小米粥和小米面食等传统产品居多,对精深加工品的需求偏好不是很强,这可能与人们长期形成的消费习惯有一定关系。

表6-5 河北省居民谷子产品消费需求偏好

谷子产品类型		人数(人)	百分比(%)
小米	蒸饭或煮粥	186	45.0
小米加工品	面食产品	126	30.5
	休闲食品	66	16.0
	谷物发酵品	32	7.7
	其他	3	0.8
	合计	413	100.0

6.3.2 不同性别居民的谷子产品消费偏好

不同性别居民对谷子产品消费偏好不同。如表6-6所示,在选择消费谷子产品的145个男性样本中,46.9%的男性居民偏好消费小米(蒸饭或煮粥),32.4%的男性居民偏好面食产品,12.4%的男性居民偏好消费休闲产品,7.6%的男性居民偏好谷物发酵品,0.7%的男性居民偏好其他产品。在选择消费谷子产品的268个女性样本中,分别有44.0%、

29.5％、17.9％、7.8％和0.8％的女性居民偏好消费小米（蒸饭或煮粥）、面食产品、休闲产品、谷物发酵品和其他产品。由此可见，在小米（蒸饭或煮粥）、面食产品、谷物发酵品和其他小米产品消费方面男性和女性之间虽有差异，但是差异并不明显；而在休闲食品消费方面女性明显高出男性5.5个百分点，而且该群体以年轻人居多，可能与不同性别居民生活习惯有一定关系。

表6-6 性别与居民谷子产品消费偏好交叉分析

性别	项目	居民谷子产品消费偏好					
		小米（蒸饭或煮粥）	面食产品	休闲产品	谷物发酵品	其他	合计
男	人数（人）	68	47	18	11	1	145
	比例（％）	46.9	32.4	12.4	7.6	0.7	100.0
女	人数（人）	118	79	48	21	2	268
	比例（％）	44	29.5	17.9	7.8	0.8	100.0
人数合计		186	126	66	32	3	413

6.3.3 不同年龄居民谷子产品消费偏好

不同年龄居民对谷子产品消费偏好不同。如表6-7所示，年龄在18岁以下的居民中，以小米（蒸饭或煮粥）、面食产品、休闲产品作为消费偏好的人数所占比例分别为14.3％、28.6％、57.1％；年龄在18～25岁的居民中，以小米（蒸饭或煮粥）、面食产品、休闲产品、谷物发酵品和其他产品作为消费偏好的人数占比分别为31.6％、26.3％、28.9％、11.4％和1.8％；年龄在26～45岁的居民中，以小米（蒸饭或煮粥）、面食产品、休闲产品和谷物发酵品作为消费偏好的人数所占比例分别为44.4％、30.3％、15.2％和10.1％；年龄在46～55岁的居民中，分别有50.5％、33.0％、10.3％和6.2％的居民偏好消费小米（蒸饭或煮粥）、面食产品、休闲产品和谷物发酵品；年龄在55岁以上的居民中，分别为55.1％、33.7％、6.7％、3.4％和1.1％。由此可见，随着年龄的增加，居民更加偏好于消费小米（蒸饭或煮粥）以及面食产品；比较年轻的居民对谷子产品消费更加趋于多元化，相较于年长者更偏好选择休闲食品和谷物发酵品。

表 6-7　年龄与居民谷子产品消费偏好交叉分析

年龄	项目	居民谷子产品消费偏好					
		小米（蒸饭或煮粥）	面食产品	休闲产品	谷物发酵品	其他	合计
18 岁以下	人数（人）	2	4	8	0	0	14
	比例（％）	14.3	28.6	57.1	0.0	0.0	100.0
18～25 岁	人数（人）	36	30	33	13	2	114
	比例（％）	31.6	26.3	28.9	11.4	1.8	100.0
26～45 岁	人数（人）	44	30	15	10	0	99
	比例（％）	44.4	30.3	15.2	10.1	0.0	100.0
46～55 岁	人数（人）	49	32	10	6	0	97
	比例（％）	50.5	33.0	10.3	6.2	0.0	100.0
55 岁以上	人数（人）	49	30	6	3	1	89
	比例（％）	55.1	33.7	6.7	3.4	1.1	100.0
	人数合计	180	126	72	32	3	413

6.4　河北省居民家庭小米消费情况分析

　　通过上述分析可知，小米（蒸饭或煮粥）是河北省城乡居民谷子产品最主要和最普遍的消费形式，小米面食产品是第二大消费形式，而且很多家庭的小米面食为自己用小米碾成面粉制作，尤其是在农村这种情况更为普遍。因此本节专门以家庭为单位分析作为谷子初加工产品——小米的消费情况，其中除了用于蒸饭和煮粥的小米消费外，也包括家庭自制小米面食产品消耗的小米。通过问卷筛查，413 位被调查的谷子产品消费者中，有 383 户家庭中存在直接的小米或小米面食产品消费行为。

6.4.1　小米消费量

　　表 6-8 结果显示，在消费小米的 383 个被调查样本家庭中，51.4％的居民家庭每年的小米消费量集中在 10 千克以下，19.1％的居民家庭每年小米的消费量为 10～20 千克，年度小米消费量在 20～30 千克、30～40千克、40～50 千克、50 千克以上的样本家庭所占比例分别为 8.6％、8.4％、7.3％和 5.2％。由此可以看出，绝大部分的河北省居民家庭每年

小米的消费量都在 20 千克以下，仅有少部分的居民家庭每年的小米消费量会超过 20 千克，甚至是 50 千克以上，而且这些居民以谷子主产区的农村居民为主。根据我国营养学膳食指南，每人每天应该摄入 0.3～0.5 千克谷类食物，即每人每年要摄入 110.0～182.5 千克谷类食物，而小米作为谷类食物的重要组成部分，其消费量应该占据一定的比例。由此可见，当前河北省居民小米消费量相对较少，小米的消费市场还有待进一步拓展，居民的消费欲望还有待提升。

表 6-8　河北省居民小米消费量

消费量（千克）	被调查样本户（个）	百分比（%）
0～10	197	51.4
10～20	73	19.1
20～30	33	8.6
30～40	32	8.4
40～50	28	7.3
50 以上	20	5.2
合计	383	100.0

6.4.2　小米主要来源渠道与用途

从实际调研情况来看，当前居民小米消费最主要的来源渠道涉及自己生产、超市购买、网上购买、农贸市场购买、零售商贩购买以及其他渠道六个方面。由表 6-9 可以看出，在居民小米消费最主要的来源渠道方面，选择超市购买的居民占比最大，为 34.5%；其次为农贸市场购买，占比为 21.4%；再次为自己生产，占比 20.1%；13.6% 的家庭小米的来源渠道为向零售商贩购买，仅有 7.0% 的家庭小米的主要来源渠道为网上购买。由此可以看出，目前河北省家庭小米消费的来源渠道仍倾向于传统的实体经营店，而不习惯于当下盛行的网络购物平台。一方面是因为居民根深蒂固的消费观念，他们更习惯于在线下实体店购买小米这类家庭日常食物，另一方面网络营销力度不够，导致居民对网上购买小米了解程度低，缺乏认知。另外调研对象中有部分农村居民消费者对于网络购物和网上支付流程不熟悉，而且相对于城市物流体系来说，农村物流体系不发达，便利程度低，居民选择网上购买小米的概率就相对会更低。

表6-9　河北省居民小米消费最主要的来源渠道

主要来源	人数（人）	百分比（%）
自己生产	77	20.1
超市购买	132	34.5
网上购买	27	7.0
农贸市场购买	82	21.4
零售商贩购买	52	13.6
其他	13	3.4
合计	383	100.0

　　由表6-10可以看出，89.3%的河北省居民家庭小米消费的用途主要为自己消费，有27.9%的居民会将小米作为礼品赠送他人。这说明，小米依然是居民家庭日常消费的传统食物，而其作为保健品所具有的保健功能和营养价值还有待挖掘，小米的商业价值还有待进一步拓展，其附加值还有待提升。小米作为馈赠佳品这一消费领域仍有进一步拓展的空间。

表6-10　河北省居民谷子产品消费的用途

主要用途	人数（人）	百分比（%）
自己消费	342	89.3
赠送他人	107	27.9
其他	34	8.9

6.4.3　小米消费频次

　　对383个样本的家庭中小米的消费时段和消费间隔调查时发现，90%的家庭全年均有小米的消费，消费的频次相对比较高。由表6-11可以看出，42.1%的家庭2~5天食用一次小米，24.9%的家庭每天都食用小米，18.9%的家庭1周左右食用一次小米，而仅有少部分的居民家庭食用小米频次比较低。这说明大部分居民家庭食用小米较为频繁，小米一直以来都是河北省居民家庭日常食物的重要组成部分，这也印证了小米在北方地区家庭中的重要地位。

表 6－11　河北省居民小米消费的频次

消费间隔	人数（人）	百分比（%）
每天	95	24.9
2～5 天	161	42.1
1 周左右	72	18.9
半个月左右	20	5.1
1～3 个月	16	4.1
3～6 个月	7	1.7
半年以上	12	3.2
合计	383	100.0

　　具体到小米在居民家庭一日三餐中的地位，如表 6－12 所示，94.8%的家庭选择在早餐食用小米，86.4%的家庭选择在晚餐食用小米，而选择在中餐食用小米的家庭较少，占比仅为 38.9%。这表明大部分的居民家庭倾向于早餐和晚餐食用小米，这与中国人追求营养健康的膳食结构以及长久以来的消费习惯相一致。当下居民越来越倾向于追求健康合理的生活方式，更加认识到了早餐的重要性，而小米成为一个好的选择。同时，现在年轻人都追求身材的完美，追求晚饭要吃好吃少，因此基于维持身体健康和满足生理需求的要求，小米这种高营养价值的食物成为这部分人的一个选择。

表 6－12　小米在河北省居民一日三餐中的地位

食用时间	人数（人）	百分比（%）
早餐	363	94.8
中餐	149	38.9
晚餐	331	86.4

6.5　河北省居民谷子产品消费及其影响因素的实证分析

　　在消费者行为理论、消费者购买决策理论等经济理论基础上，本部分结合既有相关研究及大量实地调研事实分析，从消费者认知、消费者个体特征、消费者家庭特征、消费者对产品评价和消费环境等五个方面分析可能影响河北省居民谷子产品消费行为的因素，并通过二元 Logistic 回归模型将各因素影响程度进一步量化，以期更为精准地确定影响河北省居民谷子产品消费行为的关键因素。

6.5.1　计量模型选择

居民的谷子产品消费行为是一个典型的二元决策问题，居民具有消费和不消费两种选择，在是否消费该产品的选择问题上，居民会综合考虑各种因素做出是否消费的决策。在本文的研究中，居民对于谷子产品的消费情况只有消费（$Y=1$）和不消费（$Y=0$）两种，因此采用二元 Logistic 回归模型来研究和分析影响居民谷子产品消费行为的因素。

二元 Logistic 回归模型的基本形式如下：

$$\ln[P_i/(1-P_i)]=\beta_0+\beta_1\times X_1+\beta_2\times X_2+\cdots+\beta n\times Xn \qquad (6-1)$$

式中：P_i 表示第 i 个事件发生的概率，即消费谷子产品；$1-P_i$ 表示该事件不发生的概率，即没有消费谷子产品；X_1、X_2、$\cdots$、Xn 为自变量；β_0 为常数项，β_1、β_2、$\cdots$、βn 为对应自变量的回归系数。

6.5.2　变量说明

消费行为是一个复杂的过程，消费行为必须包括前、中、后的完整过程，每个阶段都会受到不同因素的影响，因而导致消费行为的研究是一个复杂的课题。研究消费行为，必须采取理论与实证相结合的方法，分析其具体的规律。在构建二元 Logistic 回归模型时，首先将因变量"是否消费谷子产品"赋值为 0~1（0＝否，1＝是），自变量 X 包括对谷子产品的了解、保健功能、营养价值、是否绿色安全、口感、价格评价、品牌认知、产品种类认知、包装、购买的便利程度、产品说明、产品的宣传、卖场的优惠活动、性别、年龄、婚姻状况、受教育程度、常居地、家庭规模、家庭年收入、家庭成员的消费偏好以及是否居住在谷子主产区。根据国内外参考文献，本研究立足于河北省的实际情况，结合国内外相关成果，将可能会对河北省居民谷子产品消费产生影响的因素划分为五个大类，分别为个体特征、家庭特征、消费者认知、消费者谷子产品评价以及消费环境。具体说明如表 6-13 所示。

表 6-13 变量的解释说明

	因素	赋值及定义	均值	标准差
因变量	是否消费谷子产品	1=是；0=否	0.84	0.497
个体特征	性别	1=男；2=女	1.65	0.470
	年龄	1=18岁以下；2=18~25岁；3=26~45岁；4=46~55岁；5=55岁以上	2.83	1.603
	婚姻状况	1=未婚；2=已婚	1.46	0.499
	受教育程度	1=初中及以下；2=高中/中专；3=大专/本科及以上	2.36	0.729
	常居地	1=城镇；2=农村	1.55	0.814
家庭特征	家庭规模	1=1人；2=2人；3=3人；4=4人；5=5人及以上	3.89	0.825
	家庭年收入	1=2万元以下；2=2万~5万元；3=5万~8万元；4=8万~11万元；5=11万元以上	3.07	1.066
	是否居住在谷子主产区	1=是；2=否	1.88	0.466
	家庭成员的消费偏好	1=有；2=无	1.40	0.420
消费者认知	对谷子产品的了解	1=了解；2=不了解	1.07	0.462
	品牌认知	1=知晓；2=不知晓	1.63	0.270
	产品种类认知	1=比较了解；2=了解一点；3=不了解	2.25	0.532
消费者谷子产品评价	保健功能	1=有；2=无	1.34	0.446
	营养价值	1=有；2=无	1.26	0.475
	是否绿色安全	1=是；2=否；3=不清楚	1.66	0.463
	口感	1=好；2=一般；3=不好；4=不清楚	1.79	0.475
	价格评价	1=很高；2=比较高；3=一般；4=比较低；5=很低	2.14	0.410
	包装	1=重要；2=一般；3=不重要	1.94	0.141
消费环境	购买的便利程度	1=是；2=否	1.10	0.410
	产品说明	1=是；2=否	1.58	0.064
	产品的宣传	1=是；2=否	1.71	0.354
	卖场的优惠活动	1=参加过；2=没有参加过	1.90	0.292

6.5.3　研究假设

（1）个体特征。消费者的消费行为会受到消费者的个体特征的影响，这在学术界也已经得到了普遍的认同。

性别　性别对消费者的行为选择和消费习惯会产生一定的影响（李立，2019）。从家庭分工上来看，女性在家庭食物采购方面承担着重要的责任，相比男性会更加注重饮食的健康和营养搭配，并且女性对于多元化的谷子产品的青睐程度会更高一点。

年龄　年龄对于居民消费谷子产品具有显著的影响（刘琪，2020）。由于身体特点、生活阅历以及消费习性的不同，不同年龄消费者的消费行为也会有所不同（张琳和冯捷，2020）。一般来说，年轻人在购买产品时会更看重其品牌、品质方面，而老年人在购买食品时可能会更看重食品的营养性和保健性，因此谷子产品这种粗粮食品会更受老年人的青睐。

婚姻状况　相对于注重食品安全及食品绿色性（任慧，2019）的未婚消费者而言，已婚的消费者会更加注重家庭成员的身体健康以及家庭膳食结构的合理性，其谷子产品的消费欲望可能会更加强烈，因此婚姻状况可能对谷子消费也有一定影响。

受教育程度　接受教育可以增加我们的知识储备，教会我们独立思考，正确辨别日常生活的一系列行为活动。一个人的受教育水平越高，其对事物的判断能力也会越强，辨别是非的能力也会越强，不会盲目相信广告等宣传方式，对产品的要求也会随之更高（Vadapally Mounika，2020）。高学历者通常有着较高的经济地位，对谷子产品的认知和消费要求可能也会更高。

常居地　范晶的研究发现，城乡居民由于经济条件或者观念的不同，其消费行为可能也会有所不同。

H_1：个体特征对居民谷子产品消费具有显著影响。

（2）家庭特征。不同的家庭特征可能存在着各种各样的消费习惯和消费模式。

家庭规模　张钦超（2019）研究表明，家庭规模通常为家庭成员的数量，家庭人口数越多，农产品的消费意愿越强。家庭规模大说明家中有老人和小孩的可能性会越大，这样就会更加注重膳食健康，并且家庭成员之间的互相影响也更加明显，因而对谷子产品的消费欲望可能就会越强。

家庭年收入 经济学指出，消费者的经济水平会对其物品需求产生重要的影响，而收入状况又决定着经济水平。李玉勤（2013）研究中指出，家庭的收入水平会直接影响到消费者的消费能力和消费态度，收入水平越高的家庭可能会更倾向于价值高的产品。

是否居住在谷子主产区 相比于谷子非主产区的居民来讲，谷子主产区的居民对谷子产品的了解程度较高，接受程度也会更好，因而对谷子产品的消费欲望也会更高。

家庭成员的消费偏好 赵凤萍（2021）研究认为，消费偏好会显著影响城乡居民的消费行为。消费习惯、偏好通过影响消费者对产品的认知来影响消费行为；张钦超研究发现，消费习惯、偏好对居民农产品消费行为具有正向的影响。

H_2：家庭特征对居民谷子产品消费具有显著影响。

（3）消费者认知。

对谷子产品的了解 罗菲（2020）在分析消费者认知对消费的影响时得出，相比于低的产品认知，高的产品认知对消费者的影响更大，也就是消费者对产品的了解程度越高，更容易选择消费此产品。

品牌认知 张珊珊（2017）研究发现，乳制品的品牌会影响消费者的支付意愿。受到消费心理的影响，消费者普遍会认为品牌知名度越好的谷子产品，其品质也更高，从而消费者也更愿意去购买。

产品种类认知 科技的进步往往伴随着产品技术和种类的迭代更新，市场上产品的种类也数不胜数，为消费者提供了更多选择空间。因此陈靓（2017）研究指出，产品的种类也是影响居民谷子产品消费行为的一个重要因素。

H_3：消费者谷子产品认知对居民谷子产品消费具有显著影响。

（4）消费者谷子产品评价。

保健功能和营养价值 熊恩洋（2016）研究指出，随着经济的发展和社会节奏的加快，当代人尤其是上班族，更加注重食物的健康和营养，因而谷子产品以其高的保健功能必然会受到消费者的青睐。刘斐（2015）、刘琪（2020）等通过研究也证实了保健功能及营养价值是影响居民消费的一个重要因素。

是否绿色安全　陈鑫（2019）研究指出，经济社会的发展带来的一个突出的问题就是食品安全，基于此人们对食物的绿色安全程度也更为重视。

口感　谷子产品是杂粮食品的重要组成部分，而杂粮食品存在的一个最主要的问题就是口感不佳，当下人们越来越追求高质量的生活，对食物的精细化程度也更加重视。因而李玉勤（2013）研究指出，谷子产品的口感也会对居民谷子产品消费行为产生影响。

价格评价　曹泽文（2017）研究发现，价格越高，消费者购买赣南脐橙的意愿越低。同样的，谷子产品的价格越高，居民的消费欲望就会越低。

包装　陈靓（2017）通过分析发现，荞麦产品的包装对其消费行为具有负向的影响。因此，包装精美的谷子产品势必会吸引消费者的眼球，但与此同时会带来产品成本的增加，大多数居民不愿意花费更多的钱财去购买高级包装的谷子产品。

H_4：消费者谷子产品评价对居民谷子产品消费行为具有显著影响。

（5）消费环境。

购买的便利程度　胡雨苏（2016）、张钦超（2019）研究得出，消费者获取产品方便与否会影响居民的农产品消费意愿。随着生活节奏的加快，习惯于快节奏的城镇消费者会更加关注购买地点的方便性，因而购买地点越方便可能消费者的购买欲望会越强烈。

产品的宣传　李玉勤（2017）通过研究得出，武汉市消费者谷子产品消费行为会受到谷子产品推广活动的影响。产品宣传工作如果做得好，消费者会对产品信息的接受和了解程度更加快速、准确，居民对谷子产品的消费欲望可能会更高。

产品说明　根据消费心理学，人们的消费行为易受到外界信息传入的影响，而且外界信息的输入也会对消费者形成特定的印象，因而当人们去购买谷子产品时，产品说明会对其消费行为产生一定的影响（李玉勤，2018）。

卖场的优惠活动　谭悦（2018）通过研究发现，促销手段会影响居民小杂粮的消费意愿。卖场的优惠活动某种意义可以理解为给予消费者一定的优惠空间，消费者掌握了更多的主动权，因而可能会选择去购买谷子产品。

H$_5$：消费环境对居民谷子产品消费行为具有显著影响。

6.5.4　模型检验

在进行样本回归分析之前对数据进行共线性检验，如表 6 - 14 所示，个体特征、家庭特征、消费者认知、消费者谷子产品评价以及消费环境五个维度中所包含变量的容差值均大于 0.1，并且 VIF 值小于 10，说明各个变量之间不存在共线性。

表 6 - 14　样本共线性检验

维度	因素	容差	VIF
个体特征	性别	0.935	1.069
	年龄	0.213	4.690
	婚姻状况	0.264	3.782
	受教育程度	0.435	2.300
	常居地	0.760	1.315
家庭特征	家庭规模	0.705	1.419
	家庭年收入	0.909	1.100
	是否居住在谷子主产区	0.852	1.174
	家庭成员的消费偏好	0.919	1.089
消费者认知	对谷子产品的了解	0.924	1.082
	品牌认知	0.910	1.099
	产品种类认知	0.873	1.132
消费者谷子产品评价	保健功能	0.785	1.273
	营养价值	0.820	1.219
	是否绿色安全	0.842	1.187
	口感	0.790	1.266
	价格评价	0.950	1.053
	包装	0.839	1.191
消费环境	购买的便利程度	0.705	1.418
	产品说明	0.900	1.111
	产品的宣传	0.861	1.162
	卖场的优惠活动	0.726	1.377

6.5.5 模型拟合过程

本文使用 SPSS. 21 进行二元 Logistic 回归处理，在数据处理过程中，使用向后条件筛选法，即将全部变量引入到回归方程，然后进行变量的显著性检验，在一个或者多个不显著的变量中，将 t 值最小的变量直接删除，然后再重新运行回归方程，进行各种假设检验，直到所有方程变量在10％以上的水平基本显著为止。

模型的总体拟合效果通过－2 对数似然值、Cox & Snell R^2 和 Nagelkerke R^2 三个指标来统一衡量。－2 对数似然值越小，模型的拟合效果越好。Nagelkerke R^2 和 Cox & Snell R^2 统计量的取值范围在0～1之间，它的值越接近1，说明模型的整体拟合优度越好，反之则说明模型的拟合效果不太理想，表6-15 中的 Nagelkerke R^2 和 Cox & Snell R^2 统计值均大于0.5，说明模型的整体拟合效果比较理想。

表6-15 模型总体拟合结果

步骤	－2 对数似然值	Cox & Snell R^2	Nagelkerke R^2
1	221.800	0.602	0.807
6	223.082	0.601	0.805
8	230.341	0.595	0.797

模型拟合过程共经过了8个步骤，在步骤1中所有的变量同时进入，其中家庭成员的消费偏好、保健功能等变量显著，然后依次经过8次的迭代筛选，模型停止运行，其中婚姻状况、受教育程度、家庭年收入、品牌认知、产品种类认知、产品说明以及卖场的优惠活动没有进入到模型，说明他们对居民谷子产品消费行为没有达到显著影响；而另外15个变量作为对河北省居民谷子产品消费具有显著影响的因子进入到最终模型中（表6-16），它们分别是对谷子产品保健功能、营养价值、是否绿色安全、口感、价格的评价以及品牌认知、包装、购买的便利程度、产品的宣传、性别、年龄、常居地、家庭成员的消费偏好、是否居住在谷子主产区以及家庭规模。

表 6 - 16 模型回归结果

影响因素	B	S. E.	Wals	Df	Sig.	Exp（B）
保健功能	1.403	0.432	10.562	1	0.001***	4.067
营养价值	1.153	0.389	8.788	1	0.003***	3.169
是否绿色安全	1.326	0.347	9.566	1	0.003***	3.245
口感	1.097	0.392	7.840	1	0.005***	2.994
价格评价	−1.217	0.418	8.455	1	0.004***	0.296
对谷子产品的了解	1.129	0.616	3.355	1	0.067*	1.323
包装	−4.193	1.414	8.789	1	0.003***	0.015
购买的便利程度	1.353	0.547	14.657	1	0.000***	3.446
产品的宣传	2.270	0.616	13.592	1	0.000***	9.677
性别	1.723	0.425	16.422	1	0.000***	5.601
年龄	0.652	0.131	24.723	1	0.000***	1.920
常居地	1.892	0.274	47.861	1	0.000***	6.634
家庭规模	2.926	0.344	72.406	1	0.000***	18.659
家庭成员的消费偏好	0.324	0.113	15.673	1	0.006***	1.198
是否居住在谷子主产区	1.256	0.354	4.897	1	0.068*	1.431
常量	−19.65	4.049	23.549	1	0.000	0.000

注：*、**、***分别表示在10%、5%和1%的水平下显著。

6.5.6 模型运行结果分析

通过二元 Logistic 回归模型对影响河北省居民谷子产品消费行为的因素进行分析，总体来看，多数变量的作用方向与预期的一致，其中居民对谷子产品保健功能、营养价值、是否绿色安全、口感、价格以及包装的评价、对谷子产品的了解、产品的宣传、购买的便利程度、性别、年龄、常居地、家庭规模、是否居住在谷子主产区以及家庭成员的消费偏好进行了模型检验，除价格评价与包装之外其余变量均为正向影响居民谷子产品消费行为。具体结果分析如下：

性别 性别因素的 P 值为 0.000，通过了 1% 的显著性检验，估算系数为 1.723，系数为正，说明性别对居民谷子产品消费行为具有正向的影响，也即性别对居民谷子产品消费的影响每增加 1 个单位，居民的消费可能性就会相应增加 5.601 个单位，与预期假设一致。这说明女性相较于男性消费谷子产品的概率更大。在整个社会环境大背景下，受传统的"男主内，女主外"观念的影响，女性在整个家庭日常事物中扮演着重要的角色，在整个家庭消费中占据主导地位，女性的消费习惯往往决定了整个家庭的消费模式。

常居地　常居地因素的 P 值为 0.000，通过了 1% 的显著性检验，其估算系数为 1.892，系数为正，说明常居地与居民谷子产品消费行为之间呈现显著正相关关系，也即常居地对居民谷子产品消费的影响每增加 1 个单位，居民的消费需求会相应增加 6.634 个单位，与预期假设相一致。农村居民由于固有的饮食习惯以及对谷子产品比较熟悉，其消费可能性的变化较小；而城镇和城市居民由于快节奏的生活方式以及一些慢性病的出现，越来越注意自己的饮食健康，会更加青睐于健康、安全的谷子产品，并且城镇居民有机会接触到更多元化的谷子产品。

年龄　年龄因素的 P 值为 0.000，通过了 1% 的显著性检验，其估算系数为 0.652，系数为正，说明年龄对居民谷子产品消费行为具有正向的影响，也即年龄每增加 1 个单位，居民谷子产品消费的欲望就会增加 1.920 个单位。这意味着越年长的居民越倾向于消费谷子产品，符合预期假设。一方面，随着年纪的增大，居民身体的各项机能都会下降，出于身体的客观需要，年长者更需要具有保健功能的产品；另一方面，年纪越大，居民的生活阅历和经历越丰富，受过往饮食习惯的影响他们消费小米或者小米面会更多一些。

家庭规模　家庭规模因素的 P 值为 0.000，通过了 1% 的显著性检验，其估算系数为 2.926，系数为正，说明家庭规模对居民谷子产品消费行为具有正向的影响，也即家庭人口数每增加 1 个单位，居民谷子产品的消费的可能性就会增加 18.659 个单位，符合预期假设。家庭规模越大，意味着家庭中孩子或者老人的比例增加，家庭中人口数量越多，消费谷子产品的可能性就会越高。因此，家庭规模对居民谷子产品消费行为具有正向的影响。

家庭成员的消费偏好　家庭成员的消费偏好这一因素的 P 值为 0.006，通过了 1% 的显著性检验，其估算系数为 0.324，系数为正，说明家庭成员的消费偏好对居民谷子产品消费行为具有正向的影响，也即家庭成员的消费偏好对居民的影响每增加 1 个单位，居民消费谷子产品的可能性就会增加 1.198 个单位，符合预期假设。家庭成员之间往往会互相影响，家庭成员中孩子的消费偏好往往会受到父母的影响，父母对谷子产品的消费偏好也会影响孩子的消费偏好选择，因而成员之间的消费偏好会呈现一定的家庭特点。

是否居住在谷子主产区 是否居住在谷子主产区这一因素的 P 值为 0.068，通过了 10% 的显著性检验，其估算系数为 1.256，系数为正，也即是否居住在谷子主产区对居民谷子产品消费行为具有正向的影响，居民居住在谷子主产区的可能性每提高 1 个单位，居民消费谷子产品的可能性就会增加 1.431 个单位，符合预期假设。居住在谷子主产区的居民大多世世代代种植和食用谷子产品，并且居住在主产区的居民更加具有产品获得便利性，因而消费谷子产品的可能性更高。

对谷子产品的了解 居民对谷子产品的了解这一因素的 P 值为 0.067，通过了 10% 的显著性检验，对谷子产品的了解的估算系数为 1.129，系数为正，说明居民对谷子产品的了解对居民谷子产品消费行为具有正向的影响，也即对谷子产品的了解每增加 1 个单位，居民的消费欲望就会增加 1.323 个单位。消费者对产品认知对消费行为具有一定的刺激作用，消费者对谷子产品越了解，意味着居民对谷子产品各方面的认知越深刻，对其食用价值评价越趋于真实，其消费的可能性就会越大。

保健功能 居民对谷子产品保健功能的评价这一因素的 P 值为 0.001，通过了 1% 的显著性检验，居民对谷子产品保健功能的评价的估算系数为 1.403，系数为正，说明居民对谷子产品保健功能的评价与居民谷子产品消费行为具有正向显著关系，也即居民对谷子产品保健功能的评价每提升 1 个单位，居民消费谷子产品的可能性就会增加 4.067 个单位。由于人们的饮食需求观念发生转变以及慢性疾病的多发并且趋向于年轻化，人们对于健康越来越重视。因而在快节奏生活与追求健康的矛盾冲突下，为了更好保证身体健康，人们开始着眼于饮食。谷子产品既具有良好的食用价值也具有良好的药用价值，符合居民对于健康、安全食品的需求。

营养价值 居民对谷子产品营养价值的评价这一因素的 P 值为 0.003，通过了 1% 的显著性检验，居民对谷子产品营养价值的评价的估算系数为

1.153，系数为正，说明居民对谷子产品营养价值的评价与居民谷子产品消费行为具有正向显著关系，也即居民对谷子产品营养价值的评价每提升1个单位，居民消费谷子产品的可能性就会增加3.169个单位。当下，居民的收入水平不断提高，对日常饮食的要求也随之提高，由过去的"吃得饱"转向"吃得营养"，谷子产品作为杂粮食物具有丰富的营养价值，能够更好满足居民对高营养价值产品的需求。

是否绿色安全　居民对谷子产品是否绿色安全的评价这一因素的 P 值为0.003，通过了1％的显著性检验，其估算系数为1.326，系数为正，说明居民对谷子产品是否绿色安全的评价与居民谷子产品消费行为具有正向显著关系，也即居民对谷子产品是否绿色安全的评价每提升1个单位，居民消费谷子产品的可能性就会增加3.245个单位，与预期假设相一致。在国家大力倡导绿色高质量农业的背景下，居民对绿色安全农产品的要求也不断提高。

口感　居民对谷子产品口感的评价这一因素的 P 值为0.005，通过了1％的显著性检验，居民对谷子产品口感的评价的估算系数为1.097，系数为正，说明居民对谷子产品口感的评价与居民谷子产品消费行为具有正向显著关系，也即居民对谷子产品口感的评价每提升1个单位，居民消费谷子产品的可能性就会增加2.994个单位。谷子产品本身属于杂粮产品，相比于细粮产品来说，口感较为粗糙，食用感觉较差，因而谷子产品的口感成为影响消费者食用购买的一个重要的因素。

价格评价　居民对谷子产品价格的评价这一因素的 P 值为0.004，通过了1％的显著性检验，居民对谷子产品价格的评价的估算系数为－1.217，系数为负，说明居民对谷子产品价格的评价与居民谷子产品消费行为具有负向显著关系，也即居民对谷子产品价格的评价每提升1个单位，居民消费谷子产品的可能性就会下降0.296个单位。经济学指出，价格是影响消费需求的最主要的因素，价格对居民的消费需求具有负向的作用。因此，对于谷子产品这种正常商品来讲，其产品的价格越高，居民的消费欲望就会越低。

包装　居民对谷子产品包装的评价这一因素的 P 值为0.003，通过了1％的显著性检验，居民对谷子产品包装的评价的估算系数为－4.193，系数为负，说明居民对谷子产品包装的评价与居民谷子产品消费行为具有负向显著关系，也即居民对谷子产品包装的评价每提升1个单位，居民消费谷子产品的可能性就会下降0.015个单位。精美的包装会吸引人的眼球，但是包装属于产品成本的重要组成部分，越精美的包装意味着越高的投入，生产商会将投入转嫁到消费者身上，带来消费者购买成本的增加。此外对于谷子产品这种家庭食物，居民更看重其口感等因素，对包装的要求不高。

购买的便利程度　购买的便利程度这一因素的 P 值为0.000，通过了1%的显著性检验，其估算系数为1.353，系数为正，说明购买的便利程度对居民谷子产品消费行为具有正向的影响，也即购买的便利程度对居民消费行为的影响每提高1个单位，居民消费谷子产品的可能性就会增加3.446个单位，符合预期假设。居民获取谷子产品的渠道越多越便利，居民消费谷子产品的可能性就会越高。

产品的宣传　产品的宣传这一因素的 P 值为0.000，通过了1%的显著性检验，产品的宣传的估算系数为2.270，系数为正，说明产品的宣传对居民谷子产品消费行为具有正向的影响，也即产品的宣传对居民消费行为的影响每提高1个单位，居民消费谷子产品的可能性就会增加9.677个单位。消费行为会受到消费心理的影响，居民在消费过程中受外界信息的影响会改变相应的消费行为，因此对谷子产品的宣传会加深居民对谷子产品的了解程度和好感度，从而促使居民产生消费行为。

───────── **本　章　小　结** ─────────

基于对样本群体问卷调研获取信息基础上，通过描述性统计分析和计量模型验证，结果表明：①总体上，绝大多数河北省居民都有消费谷子产品的经历，大部分居民对谷子产品较为了解，但仍存在消费形式单一的问题，传统的小米粥、小米饭或面食产品依然是谷子产品消费的主流，其他深加工产品消费偏少。②河北省城乡居民在谷子产品消费偏好方面以小米（含蒸饭或煮粥）最为强烈，但不同类型的角色群体对谷子产品的消费偏好也存在差异，其中女性、年轻人对小米休闲食品等谷子多元化产品诉求更强。③家庭层面上而言，小米是消费频次最高的谷子产品，但是实际的消费量一般，消费方式以自我消费为主，小米消费渠道来源以传统的超市、农贸市场以及零售商贩为主。④居民对谷子产品的消费受多元化因素影响，其中居民对产品的了解、对产品保健功能、营养价值、是否绿色安全以及口感的评价、购买的便利程度、谷子产品的宣传力度，以及性别、年龄、常居地、是否居住在谷子主产区、家庭成员的消费偏好、家庭规模等个体或家庭属性因素对居民谷子产品消费具有正向的影响；而价格评价和包装对居民谷子产品消费具有负向的影响。本研究旨在进一步引导居民合理消费谷子产品，推进河北省谷子产业高质量发展，因此应当在加大谷子品种研发力度和品质提升、支持谷子深加工企业发展和多元化产品开发、拓宽谷子产品销售渠道、加大产品宣传力度、强化谷子产品品牌建设等方面做更多的工作。

7 | 河北省农户谷子种植意愿选择
——基于黑龙港地区的调查

当前，水资源紧缺已经成为制约河北省乃至全国粮食生产、产业区域布局乃至整个社会经济发展的重要瓶颈之一，在这样的形势下，推进水资源节约型旱地作物种植成为农业结构调整和应对水资源紧缺形势的重要抓手之一。黑龙港地区是华北地区主要的地下水漏斗区，近年来，随着河北省地下水压采、季节性休耕、旱作雨养、谷子产业带和产业集群建设等项目的推进，谷子生产增势明显，然而实地调研情况显示，受多方面因素影响，很多农户对改善或扩大谷子种植规模存在着一定的"抵触"心理，严重制约着当地谷子产业发展进程。因此，在目前种植业结构调整下，厘清影响农户谷子种植意愿的主要因素，并针对性地进行科学的引导，对推进当地谷子产业高质量发展具有重要意义。

7.1 数据来源与样本总体情况

7.1.1 数据来源

2020年3月至2020年12月，研究团队以河北省现代农业产业技术体系杂粮杂豆创新团队黑龙港试验站为依托，重点在黑龙港地区的景县、枣强、阜城、深州、冀州、故城、南宫等多个谷子生产县（市、区）进行深入调研，以问卷形式对当地谷子种植者的种植意愿进行了调查和访谈。问卷主要包括三大部分：第一部分为种植户的基本情况，第二部分为谷子种植的基本情况，第三部分为影响谷子作物种植意愿的因素调查。将种植户的个体特征、生产特征、市场情况、社会环境状况、技术因素作为主要影响因素，共发放问卷270份，回收有效问卷248份，有效率为91.85%。

7.1.2　样本户谷子种植的特征分析

（1）**样本户谷子种植意愿的总体情况。** 通过对 248 户谷子种植意愿调查结果统计（表 7 - 1）分析显示，29.8％的种植户认为他们可能在未来几年增加自己的谷子种植面积，改善谷子种植状况，种植意愿强烈；70.2％的种植户更倾向于维持现状，谷子种植意愿一般。深度访谈的结果表明，造成这一现象的原因是多方面的，主要源于谷子生产自然风险的不确定性、产品市场价格的不稳定性、产品销售前景的不可预测性等因素，而不同的家庭之间也存在着差异。

表 7 - 1　农户谷子种植意愿

种植意愿	样本数	百分比（％）
强烈	74	29.8
一般	174	70.2
合计	248	100.0

（2）**样本区谷农的种植规模。** 由表 7 - 2 可知，在被调查的谷子种植户中，种植面积在 2～5 亩的占比较大，接近样本数的一半，占比最小的为 10 亩及以上的种植户，说明在黑龙港地区谷子种植以散户小面积为主，大户种植也有一定规模，但占比较小。

表 7 - 2　农户谷子种植面积

种植面积	样本数	百分比（％）
2 亩以下	44	17.7
2～5 亩	104	41.9
5～10 亩	60	24.2
10 亩及以上	40	16.1
合计	248	100.0

（3）**样本区谷农的种植年限。** 谷子种植年限反映了黑龙港地区谷子种植历史和当地种植户的种植经验积累情况。表 7 - 3 显示，在黑龙港地区，

谷子种植年限在 3 年以下的种植户最多，占比过半；其次为种植年限在 3~5 年的种植户，两者累计比例为 94.4%，说明近几年黑龙港地区谷子生产有进一步复苏的势头。

表 7-3　农户谷子种植年限

种植年限	样本数	百分比（%）
3 年以下	154	62.1
3~5 年	80	32.3
5~10 年	8	3.2
10 年以上	6	2.4
总计	248	100.0

7.2　农户谷子种植意愿的单因素分析

7.2.1　个体特征与农户谷子种植意愿

（1）**年龄特征**。由表 7-4 可知，在被调查样本中，谷子种植者年龄主要集中在 31~50 岁和 51~60 岁两个区间，占比分别为 29.4% 和 50.8%，尤其是 50 岁以上的人群占比超过一半。30 岁及以下的人群仅为调查人数的 11.3%，占比非常低；60 岁及以上的人群占比为 8.5%，在调查人群中占比最低。

农户年龄与谷子的种植意愿的交叉分析结果显示，上述各年龄区间中，以 31~50 岁的种植者改善或增加谷子生产的意愿最为强烈，其在本类人群中的占比为 35.6%；其次为 51~60 岁以及 30 岁及以下的谷子种植者，谷子种植意愿比较强烈的在本类人群中占比均为 28.6%；再次为 61 岁及以上的谷子种植者，其种植意愿强烈的在本类人群中占比为 19.0%。造成上述现象的原因可能是 31~50 岁的种植户更善于利用新思维、新政策去理解和发展农业生产，敢于扩大生产种植，易于学习农业管理经验，有助于提升谷子种植产业的竞争力；51~60 岁这类人群积累的种植经验较为丰富且身体耐力较强，能够适应谷子种植的强度；30 岁及以下人群种植意愿也相对较高，原因可能是受其他年龄段人群的影响以及对农业领域光明前景的认知。

表 7 - 4　农户年龄特征与谷子种植意愿交叉表

年龄	项目	农户种植意愿		总计
		强烈	一般	
30岁及以下	计数	8	20	28
	占总计的百分比	3.2%	8.1%	11.3%
	在本类群中的占比	28.6%	71.4%	100.0%
31~50岁	计数	26	47	73
	占总计的百分比	10.5%	19.0%	29.4%
	在本类群中的占比	35.6%	64.4%	100.0%
51~60岁	计数	36	90	126
	占总计的百分比	14.5%	36.3%	50.8%
	在本类群中的占比	28.6%	71.4%	100.0%
61岁及以上	计数	4	17	21
	占总计的百分比	1.6%	6.9%	8.5%
	在本类群中的占比	19.0%	81.0%	100.0%
总计	计数	74	174	248
	占总计的百分比	29.8%	70.2%	100.0%

（2）**文化程度。**表7-5分析结果显示，样本户中谷子种植者文化程度小学、初中、高中或中专、大专及以上的占比分别为25.0%、43.6%、27.4%和4.0%。初中学历占比最高，高中或中专、小学学历次之，大专及以上学历占比最低且以规模经营为主。

农户文化程度与谷子的种植意愿的交叉分析结果显示，在各文化程度分类中，拥有大专及以上学历的农户改善或增加谷子生产的种植意愿最为强烈，其在本类人群中占比为60.0%；其次为高中或中专学历的谷子种植户，种植意愿强烈的在本类人群中占比为41.2%；再次为初中学历的谷子种植户，种植意愿强烈的在本类人群中占比为24.1%；最后为小学文化的谷子种植户，种植意愿强烈的在本类人群中占比为22.6%。以上结果说明，受教育程度越高，专业学习能力越强，更容易掌握高新技术和先进的管理经验。小学和初中文化的农户种植意愿较低，可能与当前多样化的职业选择有关，在其他行业也能获取一个较为可观的收入来源。

表7-5　农户文化程度与谷子种植意愿交叉表

文化程度		农户种植意愿		总计
		强烈	一般	
小学	计数	14	48	62
	占总计的百分比	5.6%	19.4%	25.0%
	在本类群中的占比	22.6%	77.4%	100.0%
初中	计数	26	82	108
	占总计的百分比	10.5%	33.1%	43.6%
	在本类群中的占比	24.1%	75.9%	100.0%
高中或中专	计数	28	40	68
	占总计的百分比	11.3%	16.1%	27.4%
	在本类群中的占比	41.2%	58.8%	100.0%
大专及以上	计数	6	4	10
	占总计的百分比	2.4%	1.6%	4.0%
	在本类群中的占比	60.0%	40.0%	100.0%
总计	计数	74	174	248
	占总计的百分比	29.8%	70.2%	100.0%

（3）种植者身体状况。表7-6显示，在248份调查数据中，健康状况非常好的种植户占样本总数的51.6%，健康状况良好的种植户占样本总数的41.9%，另外还有6.5%的种植户健康状况比较差，由此可知，大部分种植户的身体健康状况较好。

通过对农户健康状况与谷子种植意愿的交叉分析，结果发现，农户健康状况越好，其种植意愿也就越强烈，相反，没有良好的身体条件就无法进行基本的农业生产。因此，健康状况对种植意愿和行为起促进和激励作用。

表 7 - 6　农户健康状况与谷子种植意愿交叉表

健康状况		农户种植意愿		总计
		强烈	一般	
非常好	计数	48	80	128
	在本类群中的占比	37.5%	62.5%	100.0%
	占总计的百分比	19.4%	32.3%	51.7%
良好	计数	26	78	104
	在本类群中的占比	25.0%	75.0%	100.0%
	占总计的百分比	10.5%	31.5%	42.0%
比较差	计数	0	16	16
	在本类群中的占比	0.0%	100.0%	100.0%
	占总计的百分比	0.0%	6.5%	6.5%
总计	计数	74	174	248
	占总计的百分比	29.8%	70.2%	100.0%

7.2.2　家庭特征与农户谷子种植意愿

（1）**家庭人口情况。** 表 7 - 7 分析结果显示，种植谷子的农户家庭人口数为 2 个及以下和 4 个的占总计的百分比较大，分别为 34.7% 和 35.5%，家庭人口数在 5 个及以上的家庭所占比例为 18.5%。

通过对农户家庭人口数与谷子种植意愿的交叉分析，结果显示，家庭人口数为 4 个的种植户改善或增加谷子生产的种植意愿最为强烈，其在本类人群中占比为 40.9%；其次是家庭人口数为 5 个及以上的谷子种植户，种植意愿强烈的在本类人群中占比为 34.8%；再次是家庭人口数为 3 个的谷子种植户，种植意愿强烈的在本类人群中占比为 21.4%；最后是家庭人口为 2 个及以下的谷子种植户，其种植意愿强烈的在本类人群中占比为 18.6%。总的来看，家庭人口数量对农户谷子种植意愿起到一定的促进作用，随着家庭人口数量的增加，种植意愿也逐步增加，这主要由于人口较多的家庭有较为充裕的劳动力数量，尤其是 50 岁左右及以上的人口的存在为家庭谷子生产提供了保障；同时，较多家庭人数也需要更多的家庭支出来维持，而谷子种植通常是增加农户家庭收入的主要渠道之一。

表7-7 农户家庭人口数与谷子种植意愿交叉表

家庭人口数（个）		农户种植意愿		总计
		强烈	一般	
≤2	计数	16	70	86
	在本类群中的占比	18.6%	81.4%	100.0%
	占总计的百分比	6.5%	28.2%	34.7%
3	计数	6	22	28
	在本类群中的占比	21.4%	78.6%	100.0%
	占总计的百分比	2.4%	8.9%	11.3%
4	计数	36	52	88
	在本类群中的占比	40.9%	59.1%	100.0%
	占总计的百分比	14.5%	21.0%	35.5%
≥5	计数	16	30	46
	在本类群中的占比	34.8%	65.2%	100.0%
	占总计的百分比	6.5%	12.1%	18.6%
总计	计数	74	174	248
	占总计的百分比	29.8%	70.2%	100.0%

（2）**家庭劳动力人数**。农户从事何种生产劳动取决于家庭劳动力人数。由表7-8可知，劳动力为2个的农户家庭种植谷子的占比最高，为65.3%，4个及以上的农户家庭占比最低，仅为3.2%。

家庭劳动力人数与谷子种植意愿的交叉分析结果显示，劳动力人数为3个的谷子种植户改善或增加谷子生产的种植意愿最为强烈，其在本类人群中占比为37.5%；其次是劳动力人数为2个的谷子种植户，种植意愿强烈的在本类人群中占比为33.3%；再次是劳动力人数为4个及以上的谷子种植户，在本类人群中占比为25.0%；最后是家庭劳动力人数为1个的谷子种植户，其种植意愿强烈的在本类人群中占比为19.4%。从总体来看，家庭劳动力越充裕，农户的种植意愿越强烈，这可能是因为农户在种植过程中会呈现用工时间上的分散性，农户家庭劳动力越充裕，越能适应分散的用工过程，彼此之间协作越紧密，越会降低谷子的种植难度。

表7-8　家庭劳动力人数与谷子种植意愿交叉表

劳动力人数（个）		农户种植意愿		总计
		强烈	一般	
1	计数	12	50	62
	在本类群中的占比	19.4%	80.6%	100.0%
	占总计的百分比	4.8%	20.2%	25.0%
2	计数	54	108	162
	在本类群中的占比	33.3%	66.7%	100.0%
	占总计的百分比	21.8%	43.5%	65.3%
3	计数	6	10	16
	在本类群中的占比	37.5%	62.5%	100.0%
	占总计的百分比	2.4%	4.0%	6.4%
≥4	计数	2	6	8
	在本类群中的占比	25.0%	75.0%	100.0%
	占总计的百分比	0.8%	2.4%	3.2%
总计	计数	74	174	248
	占总计的百分比	29.8%	70.2%	100.0%

（3）受教育子女数。如表7-9所示，当地谷子种植农户中受教育子女数为2个的占比最高，达到46.8%，受教育子女数为1个、0个、2个以上，占比分别为33.1%、15.3%和4.8%。

通过对家庭受教育子女数与谷子种植意愿的交叉分析结果显示（表7-9），受教育子女数为2个的谷子种植户改善或增加谷子生产的种植意愿最为强烈，其在本类人群中占比为39.7%；其次是受教育子女数为1个的谷子种植户，种植意愿强烈的在本类人群中占比为26.8%；再次是受教育子女数为2个以上的谷子种植户，种植意愿强烈的在本类人群中占比为16.7%；最后为受教育子女数为0个的谷子种植户，其种植意愿强烈的在本类人群中占比为10.5%。家庭教育支出主要以2个子女的家庭居多，这可能是因为普遍家庭子女数为2个，相比教育子女数更少的家庭，一定程度上会增强农户谷子种植替代大宗作物种植的意愿，促使种植户通过提质增效或者扩大谷子种植面积来增加家庭收益；而更多的家庭受教育子女涉及较大的费用支出，家庭收入对谷子生产的依赖性可能就会降低，谷子种植意愿亦会下降。

表7-9　家庭受教育子女数与谷子种植意愿交叉表

受教育子女数		农户种植意愿		总计
		强烈	一般	
0	计数	4	34	38
	在本类群中的占比	10.5%	89.5%	100.0%
	占总计的百分比	1.6%	13.7%	15.3%
1	计数	22	60	82
	在本类群中的占比	26.8%	73.2%	100.0%
	占总计的百分比	8.9%	24.2%	33.1%
2	计数	46	70	116
	在本类群中的占比	39.7%	60.3%	100.0%
	占总计的百分比	18.5%	28.2%	46.7%
>2	计数	2	10	12
	在本类群中的占比	16.7%	83.3%	100.0%
	占总计的百分比	0.8%	4.0%	4.8%
总计	计数	74	174	248
	占总计的百分比	29.8%	70.2%	100.0%

7.2.3　市场状况与农户谷子种植意愿

市场因素在很大程度上能够影响谷子种植户的种植意愿,并且市场有其自发性、灵活性,导致了它的不确定性,使其成为影响种植意愿最活跃的因素。这里的市场因素具体包括:对谷子市场价格满意度、市场稳定性、谷子盈利空间等因素。

(1)农户对谷子市场价格的满意度与谷子种植意愿。 表7-10显示,最近两年虽然谷子价格高位运行,但是仍然有145个谷子种植户对谷子的市场价格不满意,占总体样本的58.4%;仅有103个谷子种植户对当前的市场价格满意,仅占调研总样本的41.5%。农户访谈结果显示,造成上述局面的主要原因是部分农户对谷子市场价格认知一直存在不确定性,对其市场缺乏足够的了解。

表7-10 农户对谷子市场价格满意度与谷子种植意愿交叉表

农户对谷子市场价格的满意度		农户种植意愿		总计
		强烈	一般	
不满意	计数	42	103	145
	在本类群中的占比	29.0%	71.0%	100.0%
	占总计的百分比	16.9%	41.5%	58.4%
满意	计数	32	71	103
	在本类群中的占比	31.1%	68.9%	100.0%
	占总计的百分比	12.9%	28.6%	41.5%
合计	计数	74	174	248
	占总计的百分比	29.8%	70.2%	100.0%

农户对市场价格满意度与谷子种植意愿交叉表的分析结果显示，对谷子价格满意的谷子种植户在本类群中的占比为31.1%，其种植谷子的意愿较为强烈；对市场价格不满意的谷农种植意愿强烈程度不高，仅在本类群占比29.0%。这是因为谷子价格越高，谷农越能够获得较高的收益，提高谷农的种植意愿，从而提升种植的热情。

（2）农户对市场风险的承受力与谷子种植意愿。根据表7-11可知，有78.2%的农户能够接受近年来黑龙港地区谷子市场风险，有21.8%的谷子种植户认为市场不稳定，难以承受。

表7-11分析显示，承受谷子市场风险能力强的农户，其种植意愿比承受市场风险能力弱的农户种植意愿更为强烈，在本类人群中的占比达到了36.1%，而市场风险承受力弱的种植户在本类人群中占比仅为7.4%。可见，良好的市场风险承受力会对谷子种植户的种植行为起到一定的激励作用，种植户不会过于担心产品销路和价格变化对最终收益的影响，也不会因为农资市场或者雇工市场的成本过高而严重打击自身种植热情，有一个良好的市场风险承受力能够使谷子种植户种植行为趋于稳定。

（3）谷子价格波动与农户谷子种植意愿。从表7-12可知：谷子价格波动不大时，种植户种植意愿强烈的比例要高于谷子价格市场变化大时的农户种植意愿，在本类人群中占比达到了41.8%，可见谷子价格的稳定对农户的种植意愿有一定的影响，能够激发种植户的种植热情和信心，其种植意愿很明显是建立在可观的收益价格基础之上的，可以说保障好谷子价格的可观性和稳定性是提升谷子种植户种植意愿的一项根本措施。

表 7-11　农户对市场风险的承受力与谷子种植意愿交叉表

农户对谷子市场风险的承受水平		农户种植意愿		总计
		强烈	一般	
市场风险承受力强	计数	70	124	194
	在本类群中的占比	36.1%	63.9%	100.0%
	占总计的百分比	28.2%	50.0%	78.2%
市场风险承受力弱	计数	4	50	54
	在本类群中的占比	7.4%	92.6%	100.0%
	占总计的百分比	1.6%	20.2%	21.8%
合计	计数	74	174	248
	占总计的百分比	29.8%	70.2%	100.0%

表 7-12　谷子价格波动与农户谷子种植意愿交叉表

谷子价格波动情况		农户种植意愿		总计
		强烈	一般	
谷子价格波动不大	计数	66	92	158
	在本类群中的占比	41.8%	58.2%	100.0%
	占总计的百分比	26.6%	37.1%	63.7%
谷子价格波动大	计数	8	82	90
	在本类群中的占比	8.9%	91.1%	100.0%
	占总计的百分比	3.2%	33.1%	36.3%
合计	计数	74	174	248
	占总计的百分比	29.8%	70.2%	100.0%

（4）谷子销售难易程度与农户谷子种植意愿。 谷子的销售是经营主体整个经营过程中的最终环节，能够对谷子生产者的种植行为产生重要的影响，销售的难易程度对谷子的收益变现极为关键，销售距离、销售方式、交通条件等都是种植户需要认真考虑的重要指标，都能够影响种植主体的

心态和行为意愿。由表 7-13 可以看出，样本中谷子种植户认为销售情况
一般的占到了 43.5％，所占的比例最大，认为销售非常困难的种植户仅
仅占样本数据的 2.4％，认为销售非常容易的占到了样本的 13.7％，根据
在黑龙港地区实际走访调研时了解的情况，当地已经建立了成熟的收购体
系，谷子规模种植户对小经营户具有辐射带动作用，同时在谷子销售方面
也会有一定地信息共享。谷子种植户销售问题少，则谷子的销售难度
就小。

表 7-13　谷子销售难易程度与农户谷子种植意愿交叉表

谷子销售难易程度		农户种植意愿		总计
		强烈	一般	
非常困难	计数	0	6	6
	在本类群中的占比	0.0％	100.0％	100.0％
	占总计的百分比	0.0％	2.4％	2.4％
比较困难	计数	2	8	10
	在本类群中的占比	20.0％	80.0％	100.0％
	占总计的百分比	0.8％	3.2％	4.0％
一般	计数	16	92	108
	在本类群中的占比	14.8％	85.2％	100.0％
	占总计的百分比	6.5％	37.1％	43.6％
比较容易	计数	34	56	90
	在本类群中的占比	37.8％	62.2％	100.0％
	占总计的百分比	13.7％	22.6％	36.3％
非常容易	计数	22	12	34
	在本类群中的占比	64.7％	35.3％	100.0％
	占总计的百分比	8.9％	4.8％	13.7％
总计	计数	74	174	248
	占总计的百分比	29.8％	70.2％	100.0％

表 7-13 显示，认为销售情况"非常容易"的种植者改善或增加谷子
生产的意愿最为强烈，其在本类人群中的占比为 64.7％；其次为认为销
售情况"比较容易"的种植者，谷子种植意愿比较强烈的在本类人群中占
比为 37.8％；再次为认为销售情况"一般"的谷子种植者，其种植意愿

强烈的在本类人群中占比为 14.8%。谷子销售难度不同对农户的种植意愿影响也会不同，销售难度越低，谷子种植户的种植意愿越强烈，销路的通畅能够激发谷子种植户的种植意愿。

（5）谷子生产盈利空间与农户谷子种植意愿。表 7‐14 显示，在谷子种植户中，认为跟谷子争地的玉米与谷子种植盈利差不多的占比 62.9%，认为与玉米相比谷子种植盈利比较大的占比 32.3%。

表 7‐14　谷子生产盈利空间与农户谷子种植意愿交叉表

谷子盈利空间		农户种植意愿		总计
		强烈	一般	
与玉米相比盈利空间非常大	计数	2	0	2
	在本类群中的占比	100.0%	0.0%	100.0%
	占总计的百分比	0.8%	0.0%	0.8%
与玉米相比盈利空间比较大	计数	48	32	80
	在本类群中的占比	60.0%	40.0%	100.0%
	占总计的百分比	19.4%	12.9%	32.3%
与玉米相比盈利空间差不多	计数	24	132	156
	在本类群中的占比	15.4%	84.6%	100.0%
	占总计的百分比	9.7%	53.2%	62.9%
与玉米相比盈利空间比较小	计数	0	8	8
	在本类群中的占比	0.0%	100.0%	100.0%
	占总计的百分比	0.0%	3.2%	3.2%
与比玉米相比盈利空间非常小	计数	0	2	2
	在本类群中的占比	0.0%	100.0%	100.0%
	占总计的百分比	0.0%	0.8%	0.8%
总计	计数	74	174	248
	占总计的百分比	29.8%	70.2%	100.0%

表 7‐14 显示，认为与玉米相比盈利空间非常大的种植户改善或增加谷子生产的种植意愿最为强烈，占比为 100.0%；其次认为与玉米相比盈利空间比较大的谷子种植户，种植意愿强烈的在本类人群中占比为 60%；再次为认为与玉米盈利差不多的谷子种植户，种植意愿强烈的在本类人群

中占比 15.4%；最后为认为与玉米相比盈利空间比较小的谷子种植户，其种植意愿强烈的在本类人群中占比为 0.0%。可见较好的盈利空间是农户选择谷子种植的一个重要因素，但是当谷子种植和玉米种植收益相近时，大部分农户会处于一种观望状态，其决策行为会随着其他指标的变化而变化。因此谷农在种植过程中选择优质品种、提升谷子种植质量对于增大谷子盈利空间尤为重要。

7.2.4 社会环境与农户谷子种植意愿

（1）农业保险供给与参与情况。目前从国家以及省级层面来看，政策性农业保险均没有覆盖到谷子，但是当地部分种植大户在县政府的支持下加入了农业商业保险。由样本可知，谷子种植户仅有 14 户参加了谷子农业保险，大多数农户没有加入，这表明当地谷子种植户在谷子种植方面的农业保险意识还较为淡薄。从农业保险参保情况来看，加入农业保险的种植户所占比例较小，仅为总体的 5.6%，有 234 户谷子种植户未加入农业保险。

表 7-15 显示，参与农业保险的种植者改善或增加谷子生产的意愿最为强烈，其在本类人群中的占比为 85.7%；而没有参与农业保险的农户种植意愿比较强烈的在本类人群中占比为 26.5%。前者的比例远远高于后者，说明加入农业保险可以增强谷子生产者的种植意愿。

表 7-15 农业保险参保情况与农户谷子种植意愿交叉表

农户是否参与农业保险		农户种植意愿		总计
		强烈	一般	
是	计数	12	2	14
	在本类群中的占比	85.7%	14.3%	100.0%
	占总计的百分比	4.8%	0.8%	5.6%
否	计数	62	172	234
	在本类群中的占比	26.5%	73.5%	100.0%
	占总计的百分比	25.0%	69.4%	94.4%
合计	计数	74	174	248
	占总计的百分比	29.8%	70.2%	100.0%

（2）国家政策认知和享受政策补贴情况。表 7-16 显示，对季节性休耕、旱作雨养、种植业结构调整等相关农业政策或项目比较了解的种植户有 100 户，占总体样本的 40.3%，不了解的有 148 户，占总体样本的 59.7%。通过国家政策认知情况与农户种植意愿的交叉分析结果显示，对相关政策比较了解的种植者改善或增加谷子生产的意愿最为强烈，其在本群体中的占比为 48.0%；而对国家政策不了解的农户，谷子种植意愿比较强烈的在本类人群中占比为 17.6%。前者的比例远远高于后者，多加关注农业农村政策对增强谷子种植户的种植意愿有着一定的促进作用。

表 7-16　国家政策认知情况与农户谷子种植意愿交叉表

国家政策的认知情况		农户种植意愿		总计
		强烈	一般	
比较了解	计数	48.0	52.0	100
	在本类群中的占比	48.0%	52.0%	100.0%
	占总计的百分比	19.3%	21.0%	40.3%
不了解	计数	26	122	148
	在本类群中的占比	17.6%	82.4%	100.0%
	占总计的百分比	10.5%	49.2%	59.7%
合计	计数	74	174	248
	占总计的百分比	29.8%	70.2%	100.0%

近些年来，黑龙港地区谷子种植的补贴主要来源于旱作雨养和季节性休耕试点项目的补贴，补贴对象为参与季节性休耕制度试点的农户和新型农业经营主体，将小麦玉米一年两熟改为只种一季玉米、花生、谷子、杂豆等作物一年一熟，减少地下水用量。谷子作为季节性休耕和旱作雨养政策调整中的目标作物之一，谷子种植户每年将有 800 元或 500 元的项目补贴。表 7-17 显示，近 70% 的农户切实地享受了农业补贴政策，享受到农业补贴的种植户较其他农户的种植意愿更为强烈，在本类群中占比达到了 32.6%。

表7-17 享受政策补贴情况与农户谷子种植意愿交叉表

享受政策补贴情况		农户种植意愿		总计
		强烈	一般	
是	计数	56	116	172
	在本类群中的占比	32.6%	67.4%	100.0%
	占总计的百分比	22.6%	46.8%	69.4%
否	计数	18	58	76
	在本类群中的占比	23.7%	76.3%	100.0%
	占总计的百分比	7.2%	23.4%	30.6%
合计	计数	74	174	248
	占总计的百分比	29.8%	70.2%	100.0%

（3）农业补贴满意度。由表7-18可以看出，对农业补贴满意的种植者改善或增加谷子生产的意愿最为强烈，其在本类人群中的占比为60.0%；其次为对农业补贴不满意的种植者，谷子种植意愿比较强烈的在本类人群中占比为46.7%；再次为对农业补贴政策比较满意的谷子种植者，其种植意愿强烈的在本类人群中占比为12.2%。对农业补贴政策满意的和比较满意的占到了总体的70%以上，可见黑龙港地区农业补贴政策落实情况较好，得到了多数谷子种植户的认可，在种植意愿强烈的样本中对农业补贴满意的种植户占到了绝大多数，可见对农业补贴的满意度与其持续种植谷子的意愿呈正相关，满意度越强，农户种植谷子的意愿会越强烈。

（4）组织化与社会服务。表7-19显示，参加合作社的谷子种植户有50户，占样本总体的20.2%，不参加合作社的农户有198户。通过对农户参加合作社情况与谷子种植意愿的交叉分析结果显示，参加合作社的种植者改善或增加谷子生产的意愿更为强烈，其在本类人群中的占比为56.0%；而没有参加合作社的种植者，谷子种植意愿比较强烈的在本类人群中占比为23.2%。参与合作社便于生产资料集中供给，提高耕作效率与农机社会服务化程度，节省投入成本并且提升风险应对能力以及销售谈判能力。因此，组织化与社会服务化程度越高，越能增强农户种植意愿。

表 7 - 18　农业补贴满意度与农户谷子种植意愿交叉表

对农业补贴的满意度		农户种植意愿		总计
		强烈	一般	
满意	计数	42	28	70
	在本类群中的占比	60.0%	40.0%	100.0%
	占总计的百分比	16.9%	11.3%	28.2%
比较满意	计数	18	130	148
	在本类群中的占比	12.2%	87.8%	100.0%
	占总计的百分比	7.3%	52.4%	59.7%
不满意	计数	14	16	30
	在本类群中的占比	46.7%	53.3%	100.0%
	占总计的百分比	5.6%	6.5%	12.1%
合计	计数	74	174	248
	占总计的百分比	29.8%	70.2%	100.0%

表 7 - 19　农户参加合作社状况与谷子种植意愿交叉表

是否加入合作社		农户种植意愿		总计
		强烈	一般	
是	计数	28	22	50
	在本类群中的占比	56.0%	54.0%	100.0%
	占总计的百分比	11.3%	8.9%	20.2%
否	计数	46	152	198
	在本类群中的占比	23.2%	76.8%	100.0%
	占总计的百分比	18.5%	61.3%	79.8%
合计	计数	74	174	248
	占总计的百分比	29.8%	70.2%	100.0%

7.2.5　技术因素与农户谷子种植意愿

掌握谷子种植技术可以提高谷子生产的效率，提高谷子品质和产量，技术掌握的程度直接影响谷子种植户的收益。因此，理论上而言，技术因素是影响谷子种植者种植意愿及行为选择的重要因素之一。

（1）种植技术掌握情况。通过对种植农户种植技术的调查结果可知（表 7 - 20），样本中 73.4% 的农户对谷子种植技术的掌握较好，19.4% 的农户对种植技术的掌握处于一般水平，技术掌握非常好、比较差、非常差占极小部分。

农户种植技术掌握情况与谷子种植意愿的交叉分析结果（表7-20）显示，种植意愿强烈且占比最大的为掌握种植技术"非常好"的种植户，在本类群中的占比为100.0%；其次为掌握种植技术"一般"的种植户，谷子种植意愿比较强烈的在本类人群中占比为66.7%；再次为掌握种植技术"比较好"的谷子种植户，其种植意愿强烈的在本类人群中占比为22.0%。总体来看，农户的种植技术掌握程度与其种植意愿之间相关性不是很明显。

表7-20 农户种植技术掌握情况与谷子种植意愿交叉表

种植技术掌握情况		农户种植意愿		总计
		强烈	一般	
非常好	计数	2	0	2
	在本类群中的占比	100.0%	0.0%	100.0%
	占总计的百分比	0.8%	0.0%	0.8%
比较好	计数	40	142	182
	在本类群中的占比	22.0%	78.0%	100.0%
	占总计的百分比	16.1%	57.3%	73.4%
一般	计数	32	16	48
	在本类群中的占比	66.7%	33.3%	100.0%
	占总计的百分比	12.9%	6.5%	19.4%
比较差	计数	0	14	14
	在本类群中的占比	0.0%	100.0%	100.0%
	占总计的百分比	0.0%	5.6%	5.6%
非常差	计数	0	2	2
	在本类群中的占比	0.0%	100.0%	100.0%
	占总计的百分比	0.0%	0.8%	0.8%
总计	计数	74	174	248
	占总计的百分比	29.8%	70.2%	100.0%

（2）**遭遇技术难题状况。**在所调查的谷子种植户中，有69.4%的农户遇到过谷子生产管理环节的技术难题，仅有30.6%的种植户在种植技术上没有遇到过困难（表7-21）。农户是否遭遇过技术难题与谷子种植意愿的交叉分析结果显示，没有遭遇过技术难题的种植者改善或增加谷子

生产的意愿最为强烈，其在本类人群中的占比为34.2%；遭遇过技术难题的种植者，谷子种植意愿比较强烈的在本类人群中占比为27.9%。因此，技术是制约当下谷子产业发展的因素之一，没有遭遇过技术难题的农户比遭遇过技术难题的种植户种植意愿更为强烈，需要相关机构去了解并帮助种植户解决技术难题，增加相应的技术培训。

表7-21 农户是否遭遇过技术难题与谷子种植意愿交叉表

是否遭遇过技术难题		农户种植意愿		总计
		强烈	一般	
是	计数	48	124	172
	在本类群中的占比	27.9%	72.1%	100.0%
	占总计的百分比	19.4%	50.0%	69.4%
否	计数	26	50	76
	在本类群中的占比	34.2%	65.8%	100.0%
	占总计的百分比	10.4%	20.2%	30.6%
总计	计数	74	174	248
	占总计的百分比	29.8%	70.2%	100.0%

（3）**参与技术培训情况**。如表7-22所示，通过分析被调查者接受技术培训情况可知，有44.4%的种植户有过技术培训经历，55.6%没有参与过技术培训，说明黑龙港地区谷子种植技术培训尚有待进一步普及推广。

表7-22 农户参加技术培训情况与谷子种植意愿交叉表

参加技术培训情况		农户种植意愿		总计
		强烈	一般	
参加过技术培训	计数	58	52	110
	在本类群中的占比	52.7%	47.3%	100.0%
	占总计的百分比	23.4%	21.0%	44.4%
没有参加过技术培训	计数	16	122	138
	在本类群中的占比	11.6%	88.4%	100.0%
	占总计的百分比	6.4%	49.2%	55.6%
总计	计数	74	174	248
	占总计的百分比	29.8%	70.2%	100.0%

　　农户参加技术培训情况与谷子的种植意愿的交叉分析结果显示，参加技术培训的种植者改善或增加谷子生产的意愿最为强烈，其在本类人群中的占比为52.7%；没有参与过技术培训的种植者，谷子种植意愿比较强烈的在本类人群中占比为11.6%。经过技术培训的农户比没有经过技术培训的农户种植意愿更为强烈，说明黑龙港地区谷子技术培训增强了一部分农户的种植意愿，农业技术培训在该地区对农户谷子种植起到了一定的推动作用。

　　(4) 谷子生产机械化程度。 目前，黑龙港地区谷子生产形式主要包括全机械化和半机械化，机械化程度影响谷子生产效率，进而影响农户种植意愿。由表7-23可知，超过50%的谷子种植户实现了全程机械化，实现半机械化的种植户也占到了44.4%，完全手工生产谷子的农户非常少。

　　谷子生产机械化程度与农户谷子种植意愿的交叉表分析可知，在谷子生产过程中全程机械化的种植者改善或增加谷子生产的意愿最为强烈，其在本类人群中的占比为33.1%；其次为半机械化的种植者，谷子种植意愿强烈的在本类人群中占比为26.4%；最后为完全手工的谷子种植者，其种植意愿强烈的在本类人群中占比为0.0%。可见，在种植意愿强烈的农户中，机械化程度越高，种植意愿的强烈程度也越大。

表7-23　谷子生产机械化程度与农户谷子种植意愿交叉表

谷子生产机械化程度		农户种植意愿		总计
		强烈	一般	
全程机械化	计数	45	91	136
	在本类群中的占比	33.1%	66.9%	100.0%
	占总计的百分比	18.1%	36.7%	54.8%
半机械化	计数	29	81	110
	在本类群中的占比	26.4%	73.6%	100.0%
	占总计的百分比	11.7%	32.7%	44.4%
完全手工	计数	0	2	2
	在本类群中的占比	0.0%	100.0%	100.0%
	占总计的百分比	0.0%	0.8%	0.8%

（续）

谷子生产机械化程度		农户种植意愿		总计
		强烈	一般	
总计	计数	74	174	248
	占总计的百分比	29.8%	70.2%	100.0%

7.3　谷子种植户种植意愿影响因素的实证分析

上述运用统计数据和调研数据对黑龙港地区谷子的种植意愿以及影响因素进行了简单描述统计分析，为进一步明确影响谷子种植意愿的各个因素的影响强度和影响方向，本部分使用逻辑回归模型进一步分析出影响谷子种植意愿的关键因子。

7.3.1　模型设定

本文的因变量"您对于谷子作物的种植意愿"取值有两种：0代表种植意愿一般，1代表种植意愿强烈，为二分类变量，因此考察各自变量与其关系时，将种植户对于谷子种植的意愿划分为意愿强烈（$Y=1$）和意愿一般（$Y=0$）这两种情形，因此使用二元 Logistic 回归分析方式对影响到农户种植谷子作物的因素进行研究，通过逐步回归得到最终结果。计量模型公式为：

$$\log[P(Y_1)/P(Y_0)] = \beta_0 + \sum \beta_i X_i + \mu \qquad (7-1)$$

式中：Y_1 代表农户种植意愿强烈，Y_0 代表农户种植意愿一般，β_0、β_i 为待估参数，μ 为残差项，X_i 为影响农户种植意愿的因素。

7.3.2　变量选取及说明

在构建 Logistic 回归模型时，本文选取"农户对谷子作物的种植意愿"作为因变量，根据以往的文献研究成果，本文把影响农户种植意愿的因素归为五类，第一类为个体特征变量，第二类是家庭特征变量，第三类是技术变量，第四类是社会环境变量，第五类是市场情况变量。根据以往专家学者的研究成果及前述描述性分析结果，对待引入变量解释及可能的影响方向估测如表 7-24 所示。

表 7 - 24　变量选取及说明

变量名称		变量解释	认知方向
自身因素	年龄	1＝小于30岁；2＝30～50岁；3＝51～60岁；4＝61岁及以上	0
	文化程度	1＝小学；2＝初中；3＝高中或中专；4＝大专及以上	0
	健康状况	1＝比较差；2＝良好；3＝非常好	＋
家庭因素	家庭劳动力人数	1＝1个；2＝2个；3＝3个；4＝4个	＋
	家庭人口数	1＝3个以下；2＝3个；3＝4个；4＝4个以上	0
	受教育子女数	1＝0；2＝1；3＝2；4＝2个以上	0
技术因素	对谷子种植技术掌握情况	1＝非常差；2＝比较差；3＝一般；4＝比较好；5＝非常好	＋
	谷子生产机械化程度	1＝完全手工；2＝半机械化；3＝全机械化	＋
	遭遇技术困境状况	0＝没有；1＝有	－
	参与技术培训情况	0＝没有；1＝有	＋
社会环境	对农业政策的认知状况	0＝不了解；1＝比较了解	＋
	享有国家政策补贴情况	0＝否；1＝是	＋
	对农业补贴的满意度	1＝不满意；2＝比较满意；3＝满意	＋
	参加合作社的状况	1＝否；2＝是	＋
	农业保险供给情况	1＝没有；2＝有	＋
市场因素	对谷子市场稳定性认知	1＝不稳定；2＝稳定	＋
	销售难度	1＝非常容易；2＝较容易；3＝一般；4＝较困难；5＝非常困难	－
	谷子的价格波动情况	1＝波动不大；2＝波动很大	－
	对市场价格的满意度	1＝不满意；2＝满意	＋

注："＋"代表正向作用，"－"代表负向作用，"0"代表影响不确定。

7.3.3　模型运行结果

表 7 - 25 为模型整体检验和参数估计结果，分别是模型拟合统计量－2 对数似然值、Cox & Snell R^2 和拟合优度 Nagelkerke R^2。其中展示了各个模型的拟合情况，－2 对数似然值中数值越小表示模型拟合程度越

好，而 Cox&Snell R² 和 Nagelkerke R² 指数则是 0～1 之间的拟合指标，越接近于 1 表示模型拟合程度越好。从表中可以看出，模型整体的检验效果较好。

表 7-25　模型整体估计结果

步骤	−2 对数似然值	Cox&Snell R²	Nagelkerke R²
1	491.971	0.731	0.842
7	438.345	0.799	0.832
10	540.722	0.761	0.848

本研究利用 SPSS 25.0 统计软件对 248 个样本进行了二元 Logistic 回归处理。利用逻辑回归中的向后条件法，对可能影响农民种植意愿的因素进行选择和筛选。首先在开始前，将 5 种自变量同时投入模型进行预测，依据检验结果依次将不显著变量剔除模型，最终经历共 10 个步骤完成所有变量的挑选，剩余 10 个因素作为最终模型的解释变量（表 7-26）。

表 7-26　农户的谷子种植意愿影响因素的模型估计

变量名称	B	S. E.	Wals	Df	Sig.	Exp（B）
文化程度	0.561	0.124	1.568	1	0.009**	2.248
健康状况	0.126	0.121	1.973	1	0.002**	1.189
劳动力人数	0.315	0.126	0.552	1	0.006**	1.175
对市场风险的承受水平	0.517	0.107	23.481	1	0.012*	1.676
谷子价格波动情况	0.655	0.113	33.383	1	0.000***	1.924
参与技术培训的情况	0.483	0.114	17.910	1	0.003**	1.620
销售难度	−0.169	0.679	0.146	1	0.015*	1.191
参加合作社状况	0.501	0.110	20.861	1	0.003**	1.651
参加农业保险状况	0.456	0.112	16.528	1	0.000***	1.578
对政策认知情况	0.509	0.112	20.680	1	0.002**	1.664
常量	−0.175	0.106	2.736	1	0.098	0.840

注：*、**、*** 分别表示统计检验达到 5%、1% 和 0.1% 的显著性水平。

7.3.4　结果分析

通过 Logistic 模型对黑龙港地区农户谷子种植意愿的影响因素分析，

显示了各因素的作用方向以及影响程度，总体来看，多数变量的作用方向与预测方向一致，其中健康状况、文化程度、劳动力人数、参加技术培训的情况、对政策的认知情况、参加合作社状况、参加农业保险状况、销售难度、对谷子市场稳定性认知和谷子价格波动情况10个变量通过了显著性检验，除销售难度外其余均正向显著（$\alpha = 0.05$）影响农户种植谷子意愿，销售难度呈负相关，均是影响农户谷子种植意愿的关键因子，具体分析如下。

（1）文化程度对农户种植意愿的影响。文化程度影响因素的回归系数为0.561，P值为0.009，通过了1%水平的显著性检验，这表明文化程度与农户的种植意愿存在显著的正相关关系。文化程度进入模型，具体来看，文化程度每增加0.561个单位，农户种植意愿增加2.248个单位。究其原因，农户受教育程度越高，在信息获取、种植技术以及管理经验等方面的学习能力越强，在谷子生产经营的过程中也会更有优势。

（2）健康状况对农户种植意愿的影响。健康状况影响因素的回归系数为0.126，P值为0.002，通过了1%水平的显著性检验，这表明农户的健康情况与农户的种植意愿存在显著的正相关关系。健康状况每增加0.126个单位，农户种植意愿增加1.189个单位。究其原因，农户良好的身体条件是农户进行谷子种植最为基本的条件，样本区中散户占有绝大部分，生产中人工投入比较多，因此，有一个良好的身体条件对谷子作物的种植有促进作用。

（3）劳动力人数对农户种植意愿的影响。劳动力人数影响因素的回归系数为0.315，P值为0.006，通过了1%水平的显著性检验，这表明劳动力人数与农户的种植意愿存在显著的正相关关系。劳动力人数每增加0.315个单位，农户种植意愿增加1.175个单位。究其原因，农户在种植过程中会呈现用工时间上的分散性，农户家庭劳动力越充裕，越能适应分散的用工过程，种植过程也需要家庭成员紧密的合作，这能够降低谷子的种植难度。

（4）市场风险的承受力对农户种植意愿的影响。市场风险承受力影响因素的回归系数为0.517，P值为0.012，通过了5%水平的显著性检验，表明市场稳定性的认知与农户种植意愿存在显著的正相关关系，对市场风险的承受水平每增加 0.517 个单位，农户种植意愿程度增加 1.676 个单位，与前述市场风险的承受水平对谷子种植户种植意愿的认知方向一致。究其原因，谷子种植户市场风险承受水平越高，农户思维中的种植风险程度越低，持续种植行为会更加稳固，收入也就越有保障，种植意愿也会随之增加。

（5）谷子价格波动情况对农户种植意愿的影响。谷子价格波动影响因素的回归系数为 0.655，P 值为 0.000，通过了 0.1% 水平的显著性检验，这表明谷子价格波动情况与农户的种植意愿存在显著的正相关关系。具体来看，谷子价格每增加 0.655 个单位，农户种植意愿程度增加 1.924 个单位。考虑其原因，谷子价格是市场中最敏感的因素，价格的波动直接影响谷农的收益，保障谷子价格波动的稳定性是维持农户较高种植意愿的关键指标。

（6）参加技术培训情况对农户种植意愿的影响。参加技术培训情况影响因素的回归系数为 0.483，P 值为 0.003，通过了 1% 水平的显著性检验，表明参加技术培训情况与农户种植意愿存在显著的正相关关系，种植技术培训每增加 0.483 个单位，农户种植意愿程度增加 1.620 个单位，与前述参加技术培训情况对谷子种植户种植意愿的认知方向一致，表明农户技术培训参与度越高，自身种植意愿越强烈。原因可能是通过参加技术培训，使得农户种植技术掌握更好，更能减少谷子种植过程中的困难；其次随着生产效率的提高，能够增强谷子种植户的种植信心，进而强化其种植意愿。

（7）销售难度状况对农户种植意愿的影响。销售难度状况影响因素的回归系数为 -0.169，P 值为 0.015，统计检验在 5% 水平上显著。表明销售难度状况与农户种植意愿存在显著的负相关关系，销售难度状况每增加 0.169 个单位，农户种植意愿程度降低 1.191 个单位，与前述销售难度情况对谷子种植户种植意愿的认知方向一致。销售难度增大，谷子会出现滞销的情况，会增加种植大户的贮存成本；其次，由于销路不畅也可能错过最佳的销售时机，影响最终的经营收益，从而降低农户种植意愿。

（8）参加合作社的状况对农户种植意愿的影响。参加合作社的状况影响因素的回归系数为 0.501，P 值为 0.003，统计检验在 1% 水平上显著。

表明参加合作社状况与农户的种植意愿存在显著的正相关关系，参加合作社的状况每增加 0.501 个单位，农户种植意愿程度增加 1.651 个单位，与前述参加合作社状况对谷子种植户种植意愿的认知方向一致。究其原因，参与合作社便于生产资料集中供给，提升耕作效率与社会服务化程度，节省投入成本并且提升风险应对能力以及销售谈判能力。因此，组织化与社会服务化程度越高，越能增强农户种植意愿。

（9）**农业保险供给情况对农户种植意愿的影响。**参加农业保险情况的回归系数为 0.456，统计检验在 0.1% 水平上显著，P 值为 0.000，表明参加农业保险与农户的种植意愿存在显著的正相关关系，参加农业保险每增加 0.456 个单位，农户种植意愿程度增加 1.578 个单位，与前述参加农业保险状况对谷子种植户种植意愿的认知方向一致。究其原因，种植户参与农业保险会减少因不确定自然灾害带来的经济损失，保障农户的基本种植收益，增强农户的种植意愿。

（10）**政策认知情况对农户种植意愿的影响。**对政策认知情况的回归系数为 0.509，统计检验在 1% 水平上显著，P 值为 0.002，表明农户的政策认知状况与农户的种植意愿存在显著的正相关关系，对政策认知状况每增加 0.509 个单位，农户种植意愿程度增加 1.664 个单位，与前述政策认知状况对谷子种植户种植意愿的认知方向一致。究其原因，对农业政策的了解有助于种植户及时知悉谷子生产的扶持政策，跟随农业发展主方向，可以有效提升种植户的积极性。

（11）**其他影响不显著的因素分析。**年龄、家庭人口数、受教育子女数、生产机械化程度、遭遇技术困境情况、种植技术掌握情况、享有国家政策补贴情况、农业政策满意度、对市场价格满意度这些指标没有进入模型，表明这些指标对农户种植意愿未达到显著影响。随着人们生活水平提升和农业现代化进程的加快，受到谷子生产精简化水平、种植经验、种植技术培训获取程度以及农户的认知水平等提升的影响，年龄、家庭人口数量、受教育子女数量、生产机械化程度、技术困境、种植技术掌握程度等不再是制约农户谷子生产的重要因素。而谷子市场价格的满意度受其年际间价格波动的影响存在不确定性，同时受长期习惯的影响，大部分农户对谷子补贴政策期望值不大，因此，市场价格满意度、谷子补贴政策满意度及农业政策满意度对种植户种植意愿影响不显著。

—————————— **本 章 小 结** ——————————

　　本部分结合黑龙港地区 248 份农户调研数据，通过描述性分析和实证研究方法探讨了农户谷子种植意愿及其影响因素。结果表明，农户谷子种植意愿受到个体、家庭、市场、社会环境和技术等多元化因素的影响，其中文化程度、健康状况、劳动力人数、参加技术培训的情况、对市场风险承受水平、谷子价格波动情况、参加合作社状况、参加农业保险和对政策的认知情况等 9 个关键因素对农户的种植意愿具有显著的正相关关系；销售难易程度对农户种植意愿存在负相关关系；而年龄、家庭人口数、受教育子女数、对种植技术掌握情况、生产机械化程度、遭遇技术困境的情况、享有国家政策补贴情况、对农业补贴的满意度、对市场价格满意度等因素对农户的种植意愿影响不显著。

8 | 河北省谷子产业高质量发展的问题及影响因素

　　河北省属温带大陆性季风气候，同时兼有高原、山地、丘陵、平原等多种地形，独特的气候优势和丰富多样的地形条件使得河北省适合栽种多种品种的谷子。"十三五"末，河北省谷子种植总面积13.0万公顷，总产量42.75万吨。根据"河北小米"省域公用品牌发布会上公布的资料，河北省谷子贸易量占全国的1/3，种质创新引领全国，产业发展基础良好。在高质量发展和"四个农业"发展背景下，全省聚焦品种培优、品质提升、品牌打造和标准化生产等农产品生产"三品一标"方向发展推进，绿色优质谷子产品供给持续增加。与此同时，伴随着种植业结构的优化调整和居民杂粮消费需求的日益提升，河北省谷子产业发展的短板和问题也日益明显，这既是机遇也是挑战。基于国家质量兴农的要求和农业产业高质量发展的特征和目标，全面剖析河北省谷子产业高质量发展的问题及影响因素，精准施策，是推动河北省谷子产业高质量发展的重中之重。因此，本部分基于各领域对谷子产业从业者多角色主体的调研，分析河北省谷子产业高质量发展面临的问题，同时对谷子产业高质量发展具有决定性作用的角色群体——谷子生产经营者在谷子生产的"三品一标"发展中的参与行为选择进行了探讨，以便从更深层次挖掘出影响产业高质量发展的关键因素和问题所在。

8.1 河北省谷子产业高质量发展的推进情况简介

　　2017年，党的十九大首次提出"高质量发展"概念；2018年《政府工作报告》正式提出高质量发展理念；2019年农业农村部等七个部门印发《国家质量兴农战略规划（2018—2022年）》；2020年和2021年中央1

号文件中分别提到"推进农业高质量发展""坚持创新驱动发展,以推动高质量发展为主题,全面推进乡村振兴,加快农业农村现代化"。以上足以证明中共中央高度重视我国高质量发展的问题,特别是农业的高质量发展问题。

谷子作为营养均衡的特色杂粮作物,近年来产业发展受到国家的高度重视,2016 年中央 1 号文件中提出"优化种植结构、大力发展特色杂粮",同年《全国种植业结构调整规划》中强调"因地制宜发展有区域特色的杂粮产业";2017 年中央 1 号文件提出"实施优势特色农业提质增效行动计划,促进杂粮杂豆等产业提档升级";2018 年《乡村振兴战略规划(2018—2022 年)》中提出"做大做强优势特色产业";2019 年中央 1 号文件再次强调"加快发展乡村特色产业"。一系列政策的出台凸显了杂粮产业在新时期中国农业产业结构调整与转型升级中的重要性,而谷子作为一种特色杂粮作物,其发展得益于这些政策的支持。

河北省是我国谷子生产、消费和贸易大省,近年来河北省委省政府积极响应党中央国务院的号召,在推进谷子产业发展方面做出了积极努力。为了贯彻落实河北省委省政府《关于持续深化"四个农业"促进农业高质量发展的行动方案(2021—2025 年)》《关于大力推进重点产业高质量发展的实施意见》和农业农村部办公厅《农业生产"三品一标"提升行动实施方案》,河北省针对本省重要产业发展制定了相关的产业集群推进方案,其中谷子产业在重点建设之列。河北省农业农村厅相继制定并出台了《河北省优质谷子产业集群 2021 年推进方案》《河北省优质谷子产业集群2022 年推进方案》和《河北省谷子产业全产业链发展实施方案》,以加快谷子产业科技创新,推进谷子产业全产业链高质量发展。通过打造高端产品品牌、培育"三品一标"基地、建设优质谷子重点园区等方式带动全省谷子产业实现跨越式发展。

截至 2022 年,全省新增优质谷子面积总计达到 100 万亩以上,优质谷子占全省谷子种植面积的比例提高到 55.5% 以上。2022 年 6 月,河北小米省域公用品牌发布暨"河北十大优质品牌小米"推介会在石家庄市举办,"河北小米"这一省域品牌正式确定,并推出了黄旗皇小米、景蔚五谷香小米、米乡乐小米、磁山粟小米、东储粮小米、龙行庄小米、寿之本小米、巡天上谷小米、汇华金米、孤竹小金米等河北十大优质品牌小米,河北小米形象与实力在消费者面前得以展示。

8.2　不同角色视域下谷子产业发展存在的问题分析

8.2.1　产业科技工作者视域下谷子产业高质量发展的问题分析

为全面了解河北省谷子产业高质量发展面临的问题，研究团队走访了20余位科研院所从事谷子产业技术研究的专家和学者，并就河北省谷子及地方谷子产业发展问题与专家学者们进行了深入的访谈。梳理访谈记录信息了解到，目前河北省谷子产业高质量发展面临的问题主要表现在以下两个方面：

第一，谷子生产环境不好，农户种植意愿不强。谷子作为一种抗瘠薄、耐干旱的杂粮作物，在我国干旱半干旱地区的种植业结构调整中发挥了很大作用，但也正是因为谷子的这一特性，导致谷子的生产环境天然比其他粮食作物差，地力条件差一定程度上会影响谷子的产量和品质，并且谷子成熟收获期对天气的要求很严格，一旦在谷子收获期遇到阴雨天气，谷穗发潮变烂和收割后晾晒困难就会造成巨大损失。例如2019年9月中旬的连续阴雨天气导致邯郸地区的谷子单产大幅度下降，创下近十年来最低纪录；2021年夏天邢台南和等地在谷子收获期遇上连续的阴雨天，大量受潮发霉，部分谷子从食用粮变成饲料粮，售价从5元/千克降到2.8~3.6元/千克，严重挫伤了农户的种植意愿，特别是一些生产大户由于损失比较大，大幅度减少了谷子种植面积。

第二，缺乏大型龙头企业和高端加工产品。河北省谷子加工企业虽然数量众多，但是大多是家庭作坊式的小型加工厂，以订单模式为主，主要开展初级加工，注册商标数量不少但有影响力的品牌不多，缺乏规模大、产值高、对周边辐射带动力强的大型龙头企业，没有高端技术支持，自主研发能力不足，导致产品类型有限。目前市面上仍以小米这种初加工产品为主；小米面食产品、发酵产品、休闲食品等形式多样的深加工产品供给有限；小米菜包饭、小米煎饼等具有地方特色的风味食品知名度不高、推广度不够；小米营养粉、有机小米、宝宝米、月子米等针对特殊人群的高端特色深加工产品供需不匹配。

8.2.2 加工及贸易企业视域下谷子产业高质量发展的问题分析

通过对张家口蔚县、石家庄藁城区和沧州孟村小米集散地共计 18 位加工及贸易企业负责人的走访调查发现，目前河北省谷子产业高质量发展面临谷子及其产品购销不畅、加工企业利润空间不足、产品销售存在地域性和季节性差异、货源质量参差不齐等问题。

第一，新冠疫情导致谷子及其产品购销不畅。原粮及加工产品购销不畅是加工及贸易企业视域下河北省谷子产业高质量发展面临的第一个问题。河北省谷子总产量虽然位居全国第三，但尚不能满足一些本地加工企业的加工需求。以沧州孟村小米集散地为例，很多加工厂加工省内的谷子仅占到总量的 20% ~ 30%，大量的原粮都是从内蒙古、辽宁、吉林等地外购，也有一些加工企业在东北、内蒙古等地建设了自己的粮源基地。外购品种以黄金苗为主，近两年来黄金苗 K1 越来越受到欢迎，黄金苗系列的谷子加工出来的小米色泽金黄、口感好，深受消费者的欢迎。但是近两年受到疫情反复的影响，各地交通管制加强，加工企业外购的原粮运不进来，加工好的小米产品运不出去，不能及时交付订单，尤其是低端的小米加工厂受到了严重冲击。也有一些公司借机拓展了线上销售业务，例如藁城惜康农业科技有限公司在淘宝、京东等电商平台上线了部分小米产品，但是线上销售多以零售为主，相比原来的整车出售，销量不大。谷子及其产品购销不畅成为制约河北省谷子产业实现高质量发展的重要因素。

第二，加工企业利润空间不足。据一些加工企业的负责人反映，目前谷子初级加工技术已经比较成熟，加工效率也大大提高，但谷子出米率仍然有待提升，传统的石磨碾米出米率能达到 80% ~ 90%，现代化的小米生产线设备经过初清—去杂—净谷—砻谷—稻壳分离—谷糠分离—净糙—一次碾米—二次精碾—分级—抛光—色选—二次抛光等一系列工序后出米率仅能达到 60% 左右。尽管如此，加工企业为了更好地保证产品的质量，提高加工效率，依然选择用整套的加工设备，但购置设备、维护设备、用电高峰期电费等各种支出使得加工企业的成本不断上升。同时谷子加工及贸易企业在销售谷子加工产品时与商超等自由营销体系不接轨，比如超市可以在低价出售小米产品吸引消费者的同时从其他产品中获利，从而平衡利润，导致市场上的小米产品价格普遍偏低，单纯的加工及贸易企业受到加工成本上升、销售价格偏低的双重挤压，难以从中获利。

第三，产品销售存在地域性和季节性差异。产品销售地域性和季节性比较强，导致产品销售大小月现象明显，这成为加工及贸易企业视域下河北省谷子产业高质量发展面临的第三个问题。小米在历史上曾是我国北方地区特别是干旱半干旱地区的主粮作物，受南北方地域差异的影响，谷子的初级加工产品——小米的销售具有明显的地域性，以北方市场为主，特别是河北、河南、山东、山西等省都是小米的消费大省，尽管随着人口流动的加快和人们多样化饮食需求的增加，南方市场的小米需求量有所增加，但整体上远远不如北方；另外小米营养丰富，具有健脾养胃等功效，受到居民饮食习惯的影响，冬季小米等产品的需求量高于夏季，因此对于谷子加工和贸易企业而言，小米等产品的销售还具有明显的季节性差异，这无疑会对加工及贸易企业的营收带来不利影响。

第四，货源质量参差不齐。货源质量是保障加工产品质量最关键的要素。尽管河北省是谷子生产大省，但是由于目前省内加工企业的加工能力超出本省生产能力，加工企业原粮来源多样化现象明显。在沧州孟村调研时，部分加工企业的老板表示不同的品种、不同的气候条件、不同的地力条件、不同的灌溉条件、不同的土壤肥力以及谷子种植过程中不同的管理方式都会影响原粮的质量，而原粮的质量在很大程度上决定了加工产品的质量。因此，对于加工企业特别是没有固定粮源基地的加工企业而言，货源质量参差不齐成为制约谷子产业实现高质量发展的关键因素。

8.2.3 农业管理部门视域下谷子产业高质量发展的问题分析

通过与部分地市、县（区、市）级农业管理部门的相关人员进行深入访谈发现，目前河北省谷子产业高质量发展过程中存在小农户经营分散、管理粗放，知名品牌建设滞后，高端产品认证不足等方面的问题。

第一，小农户经营分散、管理粗放。整体来看，河北省谷子规模化经营取得了一定的成效，尤其是近几年来陆续涌现出一批专业种植大户、家庭农场、合作社等新型经营主体，但是小农户零散经营的现象依然不容忽视。谷子曾经是我国北方地区的主粮作物，受玉米、小麦、水稻等大宗粮食作物的冲击，谷子种植面积、产量和消费量都在不断减少，并推举为辅食作物，但是受自然环境条件及种植习惯的影响，河北省很多农户仍然愿意种植谷子，而对相当一部分小农户而言，其种植目的主要以自我消费为主，不追求产量和效益，能够满足自家和亲戚朋友的日常需求即可，这是一种传统的自给自足式的小农生产方式，难以形成规模，品种更新滞后、生产方式落后、管理粗放和效率不高等问题凸显，与当前高质量发展要求格格不入。

第二，知名品牌建设滞后。谷子产业一般作为区域特色产业来打造，突出产地特色至关重要。2017年山西省印发《"山西小米"品牌建设实施方案》，推出"山西小米"这一省级公用品牌，其小米品牌建设取得进一步突破，影响力大大提升，小米特色产品的溢价能力不断凸显，在农民增收、农业增效等方面发挥了重要作用。近年来，河北省不断学习"山西小米"的品牌建设经验，但直至2022年才正式推出"河北小米"这一省级公用品牌，目前仍处于建设初期，品牌效应尚未凸显。另外，当前河北省谷子的整体产业化水平不高，产品层次较低，附加值不高，产业链条短，难以满足多样化、多层次化的产品市场需求；加工企业对市场敏感度低，习惯按照过去的经验进行生产经营，品牌意识淡薄，即使创建了品牌，也因为营销意识不足、营销手段匮乏导致宣传推广力度不够、效果不佳，一定程度上制约了河北省谷子产业的高质量发展。

第三，地理标志产品认证不足。农产品地理标志认证最能够反映一个特定地域农产品的产品特性，往往还承载着该区域特定的文化。河北省具有悠久的谷子种植历史和得天独厚的谷子生产条件，近些年来政府不断加大科技支持力度，在新品种培育、新技术推广和新产品研发等方面都取得了新的突破。但如表8-1所示，根据农产品地理标志信息查询网的资料显示，在全国谷子产量排名前十的省份中，河北省虽然产量位于全国第三，但是获得地理标志认证的小米产品数量不及产量排名第七的山东省和产量排名第十的黑龙江省，一方面说明河北省谷子产业经营主体的能力尚有待提升，另一方面说明经营主体对产品的保护意识不够，一定程度上影响了河北省谷子产业的高质量发展。

表 8-1　我国谷子主产省份小米地理标志产品认证情况

产量排名	地区	认证数量	产品名称
1	内蒙古	5	赤峰小米（2016）、夏家店小米（2009）、五家户小米（2016）、林东毛毛谷小米（2015）、兴安盟小米（2019）
2	山西省	18	隆化小米（2010）、寿阳小米（2010）、西回小米（2010）、大宁红皮小米（2011）、洪井三皇小米（2011）、沁水黄小米（2010）、河峪小米（2010）、阳曲小米（2011）、析城山小米（2012）、偏关小米（2015）、古县小米（2016）、沁州黄小米（2017）、昔阳小米（2017）、武乡小米（2018）、汾州小米（2018）、泽州黄小米（2018）、兴县小米（2018）、代县小米（2018）
3	河北省	6	曲周小米（2013）、南和金米（2013）、黄粱梦小米（2014）、黄旗小米（2016）、蔚州贡米（2010）、武安小米（2010）
4	辽宁省	3	朝阳小米（2010）、化石戈小米（2014）、赵屯小米（2016）
5	吉林省	0	—
6	河南省	3	仰韶贡米（2010）、伊川小米（2018）、清泉沟小米（2018）
7	山东省	12	柳沟小米（2010）、孙祖小米（2010）、龙山小米（2010）、马庙金谷（2011）、高密毛家屋子小米（2012）、姜湖贡米（2012）、辉渠望海山小米（2012）、金鸽山小米（2014）、莒县南涧小米（2016）、五莲小米（2016）、临淄边河小米（2012）、蓼坞小米（2020）
8	陕西省	2	米脂小米（2008）、神木小米（2018）
9	甘肃省	1	庆阳小米（2013）
10	黑龙江省	7	龙江小米（2010）、古龙小米（2011）、托古小米（2012）、甘南小米（2012）、杨树小米（2014）、双城小米（2016）、双榆小米（2021）

数据来源：农产品地理标志信息查询网。

8.2.4　农户认知视域下谷子产业高质量发展的问题分析

为进一步探究河北省谷子产业高质量发展面临的问题，本文对部分从事谷子生产经营的农户进行了深度访谈，并采取调查问卷的形式对 298 个农户进行了调查，整理访谈内容并分析问卷调查结果发现，农户认知视域下河北省谷子产业高质量发展面临规模小、生产方式落后，加工产品类型单一，销售盈利空间小等问题。

第一，规模小、生产方式落后。从对农户的访谈中了解到，很多农户特别是小农户认为，当前他们的生产经营规模小、生产方式落后是河北省谷子产业发展面临的一个主要问题。小农户种植谷子就是出于管理简单的目的，一般情况下，为了节约生产成本，对谷子的灌溉和用药都不够及时，当地力严重不足、土地过于干旱或者发生病虫草害时会出现毁苗现象，一定程度上制约了谷子产业的高质量发展。在后续对问卷结果的整理过程中也有很多数据支撑了农户的这一观点，如表8-2所示。

表8-2 河北省谷子种植户谷子生产情况

项目		人数（人）	百分比（%）
种植面积	3亩及以下	120	40.3
	3~10亩（不包括3亩）	62	20.8
	10~100亩（不包括10亩）	21	7.0
	100~200亩（不包括100亩）	41	13.8
	200亩以上	54	18.1
机械化水平	全程人工	31	10.40
	部分环节机械化	161	54.03
	全程机械化	106	35.57
技术培训	是	103	34.56
	否	195	65.44
是否施肥	是	264	88.59
	否	34	11.41
是否灌溉	是	98	32.89
	否	200	67.11
是否使用农药	是	161	54.03
	否	137	45.97

数据来源：实地调研数据。

在种植面积方面，接受调查的298位农户中，有40.3%的农户谷子种植面积在3亩及以下，占到了样本总量的2/5，18.1%的农户种植面积在200亩以上。整体来看，河北省谷子规模化经营取得了一定的成效，但是对于大多数小农户而言，种植谷子是为了满足自家消费，不大考虑产量和效益问题，只要加工成小米后口感好就行，因此只种植较小面积，生产规模小。

在机械化水平方面，有 10.40％的农户采取全程人工生产，54.03％的农户实现了部分环节机械化，主要是在整地播种和收获环节，有 35.57％的农户实现了全程机械化，整体来看，河北省谷子种植环节的机械化水平还有待进一步提升。这可能与谷子种植面积以及当地的地形地势特征有关：一般在规模连片的土地上大面积种植谷子的农户都实现了全程机械化，被调查的农户表示规模越大，使用大型机械作业更高效、便捷，平均成本也低；而面积小、零星分散的地块上由于大型机器设备灵活度不够，作业时难度更大、成本更高。另外受地形影响，黑龙港流域因地形平坦、地势开阔，机械化水平较高；在冀北地区例如张家口承德等地受地形限制，实现全程机械化不太现实，也缺乏适合丘陵山地作业的小型机器设备，这块研发还有待进一步突破。

在技术培训方面，65.44％的农户表示未接受过技术培训，远远高于接受过技术培训的农户所占比例，并且在调查过程中农户都纷纷表示，过去参加的农业技术培训比较宽泛笼统，大多都是有关粮食作物种植的，具体针对谷子这一单一杂粮作物的规范栽培技术和生产注意事项几乎没有。另外相比于讲座式的技术培训，农户更愿意接受技术人员到田间地头现场指导这种方式，通过观察谷子的长势给予一定的指导建议，并且解答农户在实际生产环节中遇到的各种问题。

在施肥、灌溉和农药使用方面，有 88.59％的农户表示在谷子种植过程中施肥，一般都是施底肥，采取种肥同播的方式，大部分农户只施一次底肥，只有少数农户会根据谷子长势进行后期追肥，另外 11.41％的农户则不施肥。有 67.11％的农户在谷子种植过程中不进行灌溉，基本靠自然降雨，另外 32.89％的农户则根据情况进行灌溉，灌溉方式以大水漫灌为主。有 54.03％的农户会使用农药，使用农药的目的主要是除草和预防病虫害，另外 45.97％的农户则不使用农药。

第二，谷子加工产品类型单一、销售盈利空间小。在对农户的访谈中还有不少农户认为目前市面上谷子加工产品类型单一，谷农销售盈利空间小是河北省谷子产业发展面临的另一个重要问题。农户纷纷表示目前市面上的谷子加工产品还是以初级加工产品——小米为主，产品附加值低，下游加工企业盈利少，从谷农这里收购原粮时的价格就低，导致农户种植谷子的利润空间远远小于其他粮食作物，谷农种植积极性受挫在一定程度上会制约河北省谷子产业的高质量发展。后期通过对问卷结果的整理分析，发现调研数据也支持了农户的这一观点，如表8-3。

表8-3 当地谷子加工消费产品类型

加工消费产品类型	人数（人）	百分比（%）
小米	182	61.07
小米面及面食产品	50	16.78
小米糕点	13	4.36
米酒、米醋等发酵产品	42	14.09
其他	11	3.70
合计	298	100.00

数据来源：实地调研数据。

在接受调研的298个农户中，关于"当地谷子加工消费产品类型"这一问题，有61.07%的人选择了小米这一选项，小米作为谷子初加工产品在样本地区所有谷子加工消费产品中占据主导地位，然后依次是小米面及面食产品和小米酒、小米醋等发酵产品，分别占样本总量的16.78%和14.09%，所占比例较小。可能是因为谷子口感比较特殊，在保留其营养价值的基础上对其进行精深加工的工艺不够成熟，受技术水平的制约，目前尚未形成大规模的工业化生产；也有不少诸如小米煎饼、小米馒头、小米菜包饭等营养丰富、口味独特的特色小吃，这类产品具有浓郁的地方特色和文化特色，对传承地方文化和发扬谷子文化价值具有重要意义，但是由于其地域性强，生产能力相对较弱；此外，谷子是一种小宗杂粮作物，虽然近年来，随着人们饮食观念的转变和饮食结构的改善，谷子加工产品逐渐走进千家万户，越来越受到人们的喜爱，但是整体来看市场需求远远不如其他主粮作物，这也是导致市面上谷子深加工产品类型单一的原因之一。

8.3 谷子生产经营者参与高质量发展的行为选择分析

8.3.1 理论模型构建

前文已经分析了河北省谷子产业发展现状及其高质量发展面临的问题，并结合相关学者专家的观点对谷子产业和谷子产业高质量发展的内涵进行了解释说明，谷子产业高质量发展的重点在于品种培优、品质提升、品牌打造和标准化生产。生产经营者作为谷子产业高质量发展最关键的主体，其在产业发展过程中的参与直接影响着产业发展的整体成效，对于实现谷子产业高质量发展起着决定性作用。因此本研究依据前文对"谷子产业高质量发展"概念界定，选择以谷子生产经营者是否有"选择优良品种、进行绿色生产、参与品牌打造、进行标准化生产"其中一项或几项行为，作为其是否愿意参与到推进谷子产业高质量发展的生产经营活动中，从而进一步探讨影响该产业高质量发展的关键因素。

根据农户行为理论，农户参与到推进谷子产业高质量发展的活动中。进行生产决策时，首先会考虑自身利益最大化，如果能够给谷子生产经营者自身带来好处，比如提高生产经营收入，那么他们就会积极参加；如果只是提高了其生产经营成本而没有增加收益，那么参与度就会大大降低。此外，农户在生产经营决策时，除了经济效益，还会综合考虑自身情况、家庭情况、生产情况、政策环境以及市场经济环境等多方面因素。如图8-1，本文结合相关专家学者的研究成果，从生产经营者个人及家庭特征、生产管理、生产环境、对产业发展的认知四个方面考虑构建本研究的理论模型。

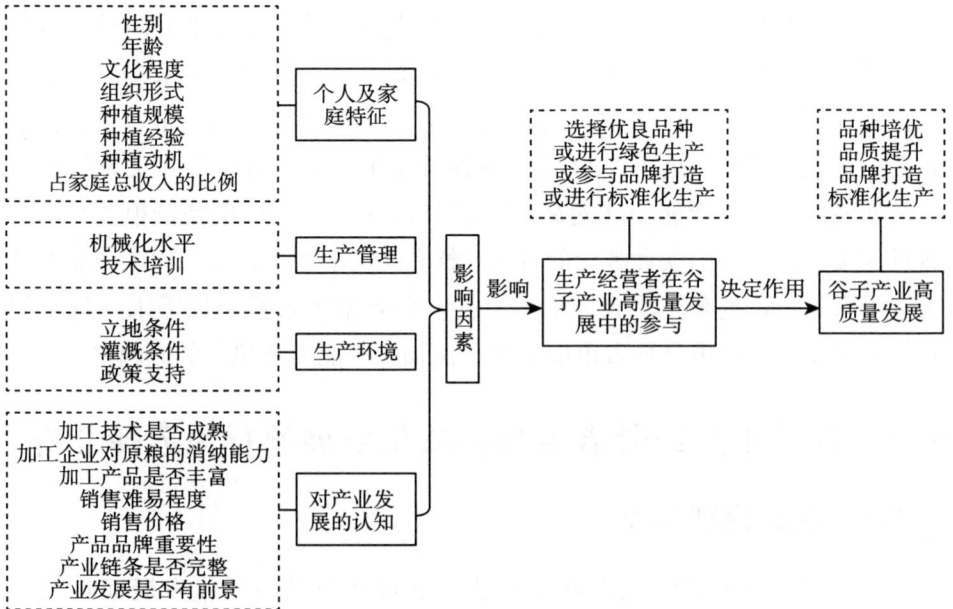

图8-1　谷子产业高质量发展影响因素的实证分析框架

8.3.2 数据来源与样本分析

（1）数据来源。 本文所使用的数据主要来源于 2021 年 3 月至 2022 年 5 月河北省现代农业产业技术体系杂粮杂豆产业经济研究团队和河北省农林科学院农业信息与经济研究所谷子产业研究团队对河北省谷子主产区生产经营主体的访谈式问卷调查。调查对象既有单纯从事谷子种植的农户，也有既从事谷子种植又从事谷子加工销售的新型农业经营主体。共获取有效问卷 298 份。调查数据用 SPSS.25 软件整理并进行统计分析。

（2）样本分析。 本文样本共涉及 298 个谷子生产经营主体，具体包括普通小农户、专业种植大户、家庭农场、合作社成员户和既从事谷子种植又从事谷子加工及贸易的农业企业。样本的个体特征和家庭特征如表 8-4 所示。

从调研的 298 份样本的个体特征来看，男性占比 77.2%，女性占比 22.8%，男性的比例明显高于女性。从被调查者的年龄看，40 岁及以下的占比最低，为 9.4%，41～50 岁的占比 20.8%，51～60 岁的占比最高，达到 39.6%，61 岁及以上的占比 30.2%，年龄结构符合当前农村劳动力老龄化特征。从被调查者的文化程度看，小学及以下文化程度的占比最高，为 41.6%，其次为初中文化程度，占比 34.9%，高中或中专文化程度的比例为 17.5%，大专及以上文化程度的比例最低，为 6.0%，文化程度与年龄结构基本相符。在这 298 位被调查者中，是家庭户主的占比高达 82.6%，非户主的仅有 17.4%，户主比例远远高于非户主，在农户进行农业生产活动过程中，户主作为一家之主往往具有更大的决定权，这也能说明样本具有代表性，被调查者个人的意愿能够很好地代表家庭整体的意愿。

从调研的 298 份样本的家庭特征来看，家庭劳动力数量为 2 人的所占比例最大，占到样本总体的 51.3%，家庭劳动力在 4 人及以上的所占比例最小，占到样本总体的 11.1%。从所在的主产区类型来看，夏谷区所占比例为 55.3%，春谷区所占比例为 39.3%，春夏谷交叉区所占比例为 5.4%，基本符合河北省谷子主产区的地域分布特征，样本分布比较均衡合理。从种植规模看，种植面积在 3 亩及以下的占比最大，为 40.3%，种植面积在 10～100 亩（不包括 10 亩）的占比最小，为 7.0%。从种植经验看，种植年限在 4～10 年的占比最大，占到样本总量的 40.9%，其次是 3 年及以下的，占到样本总量的 34.6%，种植年限在 10 年以上的合计不到样本总量的 1/4。

表 8-4　数据样本特征

特征	类型	选项	人数（人）	百分比（%）
个体特征	性别	男	230	77.2
		女	68	22.8
	年龄	40 岁及以下	28	9.4
		41~50 岁	62	20.8
		51~60 岁	118	39.6
		61 岁及以上	90	30.2
	文化程度	小学及以下	124	41.6
		初中	104	34.9
		高中或中专	52	17.5
		大专及以上	18	6.0
	是否为户主	是	246	82.6
		否	52	17.4
家庭特征	劳动力数量	1 人	64	21.5
		2 人	153	51.3
		3 人	48	16.1
		4 人及以上	33	11.1
	所在主产区类型	春谷区	117	39.3
		夏谷区	135	55.3
		春夏谷交叉区	46	5.4
	种植规模	3 亩及以下	120	40.3
		3~10 亩（不包括 3 亩）	62	20.8
		10~100 亩（不包括 10 亩）	21	7.0
		100~200 亩（不包括 100 亩）	41	13.8
		200 亩以上	54	18.1
	种植经验	3 年及以下	103	34.6
		4~10 年	122	40.9
		11~20 年	32	10.7
		20 年以上	41	13.8

数据来源：实地调研数据。

8.3.3　计量模型选择

如前面章节所述，本部分内容分析仍满足采用二元 Logistic 模型的条件。把谷子生产经营者是否参与到一系列促进谷子产业高质量发展的生产实践活动中作为衡量谷子产业高质量发展的指标，其结果只有两种情形，是（$Y=1$）或否（$Y=0$）。根据 Logistic 回归模型的原理，构建如下计量模型：

$$\log \frac{P(Y_1)}{P(Y_0)} = \beta_0 + \sum_{i=1}^{n} \beta_i X_i + \varepsilon \qquad (8-1)$$

式中：Y_1 为谷子生产经营者有"选择优良品种、进行绿色生产、参与品牌打造、进行标准化生产"其中一项能够促进谷子产业高质量发展的生产活动，Y_0 为生产经营者没有"选择优良品种、进行绿色生产、参与品牌打造、进行标准化生产"其中任何一项能够促进谷子产业高质量发展的生产活动，β_0 为常数项，β_i 为回归系数，ε 为残差，X_i 为影响因素。

8.3.4　变量及其影响方向预测说明

在构建 Logistic 回归模型时，以谷子生产经营者是否参与推进高质量发展的生产经营活动（包括选择优良品种或进行绿色生产或参与品牌打造或进行标准化生产）来作为衡量谷子产业高质量发展的指标，因变量赋值为 0、1（0＝否，1＝是），自变量选取"性别、年龄、文化程度、组织形式、种植规模、种植经验、种植动机、谷子生产经营收入占家庭总收入的比例、机械化水平、技术培训、立地条件、排灌条件、政策支持、加工技术是否成熟、加工企业对原粮的消纳能力、加工产品是否丰富、销售难易程度、销售价格、产品品牌重要性、产业链条是否完整和产业发展是否有前景"这 21 个指标。立足河北省谷子产业发展的现状，参考国内外相关研究成果，将这 21 个变量分为四类，第一类是个人及家庭特征变量，第二类是生产管理变量，第三类是生产环境变量，第四类是对产业发展的认知变量。为了便于进行定量分析，对模型中的各个变量进行赋值量化，并分别预测各个因素的作用方向，具体如表 8-5 所示。

表 8 − 5　变置选取及说明

类型	一级	二级	变量赋值	均值	方差	预期方向
因变量	谷子产业高质量发展	生产经营者是否参与推进高质量发展的生产经营活动	0＝否；1＝是	0.77	0.180	−
自变量	个体及家庭特征	性别	0＝女；1＝男	0.77	0.420	＋
		年龄	1＝40 岁及以下；2＝41～50 岁；3＝51～60 岁；4＝61 岁及以上	2.91	0.880	−
		文化程度	1＝小学及以下；2＝初中；3＝高中或中专；4＝大专及以上	1.88	0.820	＋
		组织形式	1＝普通小农户；2＝种植大户；3＝家庭农场；4＝合作社成员户；5＝农业企业；6＝其他	2.35	1.361	＋
		种植规模	1＝3 亩以下；2＝3～10 亩；3＝10～100 亩；4＝100～200 亩；4＝200 亩以上	2.49	2.426	＋
		种植经验	1＝3 年及以下；2＝4～10 年；3＝11～20 年；4＝20 年以上	2.04	1.003	不确定
		种植动机	1＝自家消费；2＝市场销售；3＝自留和外销兼顾	1.77	0.420	＋
		谷子收入占家庭总收入比例	1＝10%及以下；2＝11%～30%；3＝31%～50%；4＝51%及以上	2.47	1.209	＋
	生产管理	机械化水平	1＝全人工；2＝部分环节机械化；3＝全程机械化	2.28	0.614	＋
		技术培训	0＝否；1＝是	0.65	0.476	＋

（续）

类型	一级	二级	变量赋值	均值	方差	预期方向
	生产环境	立地条件	1＝平地；2＝丘陵地；3＝山地；4＝其他	1.26	0.514	－
		灌溉条件	1＝旱作雨养；2＝灌溉	1.35	0.228	＋
		政策支持	0＝否；1＝是	0.82	0.389	＋
自变量	农户对产业发展的认知	加工技术是否成熟	0＝否；1＝是	0.61	0.489	＋
		加工企业对原粮的消纳能力	1＝很小；2＝一般；3＝很大	2.34	0.688	＋
		加工产品是否丰富	0＝否；1＝是	0.35	0.476	＋
		销售难易程度	1＝困难；2＝一般；3＝容易	2.33	0.705	＋
		销售价格	1＝较低；2＝一般；3＝较高	1.76	0.674	＋
		产品品牌重要性	0＝否；1＝是	0.66	0.475	＋
		产业链条是否完整	0＝否；1＝是	0.52	0.500	＋
		产业发展是否有前景	0＝否；1＝是	0.52	0.501	＋

注："＋"代表正向作用，"－"代表负向作用。

8.3.5 模型回归结果分析

本文通过 SPSS. 25 对 298 个样本的数据进行二元 Logistic 回归处理，首先将所有解释变量引入到模型中进行检验，然后根据检验结果逐步剔除掉影响不显著的解释变量，直到最后模型中留下的解释变量对被解释变量的影响基本显著。

表 8-6 是模型整体检验和参数估计结果，－2 对数似然值越小，说明模型的拟合度越好；Cox & Snell R^2 和 Nagelkerke R^2 的值越接近 1，说明模型的整体拟合度越好，反之则说明模型的拟合度差。通过表 8-6 中对－2 对数似然值、Cox & Snell R^2 和 Nagelkerke R^2 的统计值可以看出，模型的总体检验效果比较好。

由表 8-7 可知，最初选取的 21 个解释变量中共有 11 个变量通过了模型的显著性检验，进入到最终模型中，结果表明原设变量中"性别、年龄、组织形式、种植经验、机械化水平、立地条件、排灌条件、加工技术是否成熟、销售价格、产品品牌重要性"这 10 个变量影响不显著。"文化程度、种植规模、种植动机、谷子生产经营收入占家庭总收入的比例、技术培训、政策支持、加工企业对原粮的消纳能力、加工产品是否丰富、销售难易程度、产业链条是否完整和产业发展是否有前景"这 11 个变量通过了模型的显著性检验，且均对谷子产业的高质量发展具有正向影响。

表 8-6　模型总体估计结果

步骤	−2 对数似然值	Cox & Snell R²	Nagelkerke R²
1	120.332	0.497	0.748
6	121.411	0.495	0.745
11	127.121	0.485	0.731

表 8-7　谷子产业高质量发展的影响因素的模型估计

影响因素	B	S. E.	Wals	Df	Sig.	Exp（B）
文化程度	0.916	0.334	7.535	1	0.006***	2.499
种植规模	0.637	0.251	6.439	1	0.011**	1.891
种植动机	2.103	0.614	11.713	1	0.001***	8.190
占家庭总收入的比例	0.495	0.261	3.588	1	0.058*	1.640
技术培训	2.657	0.621	18.317	1	0.000***	14.257
政策支持	2.090	0.642	10.611	1	0.001***	8.083
对原粮的消纳能力	1.036	0.409	6.427	1	0.011**	2.817
产品类型是否丰富	2.571	0.652	15.549	1	0.000***	13.083
销售的难易程度	1.042	0.385	7.333	1	0.007***	2.835
产业链条是否完整	1.670	0.618	7.300	1	0.007***	5.313
产业发展是否有前景	1.907	0.566	11.343	1	0.001***	6.733
常量	−17.219	2.944	34.203	1	0.000***	0.000

注：*、**、***分别表示在 10%、5%、1% 的水平下显著。

具体分析如下：

文化程度　生产经营者的文化程度对谷子产业的高质量发展具有正向影响，回归系数为 0.916，在 1% 的水平下显著。当其他条件不变时，生产经营者的文化程度每增加 1 个单位，在促进谷子产业高质量发展的生产活动中的参与度将会增加 2.499 个单位，从而促进谷子产业的高质量发展。这可能是因为文化程度越高的农户，其认知水平、思考判断能力、接受新鲜事物的能力也越高，对农业领域的前沿信息和最新技术也会比较关注，更积极参与到提升谷子产业整体发展质量的生产活动中，从而推动谷子产业的发展和质量的提升。

种植规模　种植规模对谷子产业的高质量发展具有正向影响，回归系数为 0.637，在 5% 的水平下显著。当其他条件不变时，种植规模每增加 1 个单位，生产经营者在促进谷子产业高质量发展的生产活动中的参与度将会增加 1.891 个单位，从而促进谷子产业的高质量发展。这种现象出现的原因主要是农户的种植规模越大，为了获得更高的经济效益，越倾向于选择主推新品种或者进行绿色生产和规模化生产，甚至开展后续的产品加工、打造产品品牌等生产活动。

种植动机　种植动机对谷子产业的高质量发展具有正向的影响，回归系数为 2.103，在 1% 的水平下显著。当其他条件不变时，种植动机每增加 1 个单位，生产经营者在促进谷子产业高质量发展的生产活动中的参与度将会增加 8.190 个单位，从而影响谷子产业的高质量发展。如果农户种植谷子仅仅是为了自家消费，没有盈利的需求，种植管理一般就会简单粗放，对于品种、品质、品牌和标准化生产的重视程度也不够；但如果是出于对外销售的目的，农户为了获得更高的收益，一般都会选择更加优质高产的品种，种植管理也会更加精细，更倾向于选择标准化生产方式，从而有效提高品质、增加产量，甚至通过打造知名品牌，以品牌溢价的方式获取更加高额的利润。

占家庭总收入的比例　谷子生产经营收入占家庭总收入的比例对谷子产业高质量发展具有正向影响，回归系数为 0.495，在 10% 的水平下显著。当其他条件不变时，谷子生产经营收入占家庭总收入的比例每增加 1 个单位，生产经营者在促进谷子产业高质量发展的生产活动中的参与度将会增加 1.640 个单位，从而提高谷子产业的发展质量。农民进行农业生产的最终目的是为了获得经济收入，谷子生产经营收入占家庭总收入的比例越高，说明谷子生产对其家庭增收越重要，也很有可能是其家庭主要收入来源，这种情况下，农户就会选择更加优良的品种或者进行绿色生产、标准化生产或者打造产品品牌以获得更高收入。

技术培训 技术培训对谷子产业高质量发展具有正向影响，回归系数为 2.657，在 1％的水平下显著。当其他条件不变时，对谷子生产经营主体的技术培训每增加 1 个单位，在促进谷子产业高质量发展的生产活动中的参与度将会增加 14.257 个单位，从而促进谷子产业的高质量发展。对农户进行农业技术培训是生产过程中的一个重要环节，目前河北省的农业技术推广部门比较注重对谷子优质品种和与之相关配套技术服务的推广，积极向谷子种植户提供栽培技术、病虫害防治等方面的技术服务。通过培训，农户对谷子的栽培技术和管理过程有了更加深入和系统的学习，同时也能在与培训人员的交流中解决部分生产实践中面临的问题，意识到正确的栽培技术和科学的管理手段能够有效地增加产量、提升品质。因此接受过技术培训的农户，更倾向选择优良的谷子品种、标准化的生产方式来提高品质。

政策支持 政策支持对谷子产业的高质量发展具有显著的正向影响，回归系数为 2.090，在 1％的水平上显著。当其他条件不变时，对谷子产业的政策支持每增加 1 个单位，生产经营者在促进谷子产业高质量发展的生产活动中的参与度将会增加 8.083 个单位，从而促进谷子产业的发展和质量的提升。任何产业的发展都离不开政策的支持，谷子产业的高质量发展涉及品种、品质、品牌和标准化生产等多个方面，种植、加工、销售各个环节和诸多生产经营主体，均需要政策的支持和引导，而且对于农户而言，在进行农业生产决策时，是否有政策的支持是一个优先考虑的因素，政策的支持对农户而言是一种引导，也是一种保障。如果有相关的产业发展政策，能够让农户更加放心地参与到促进产业高质量发展的生产活动中；反之，如果没有相关政策的支持，农户则会认为该产业的发展没有前途，同时由于农业的特殊性也不敢大规模投入生产，一旦出现极端恶劣天气或者是销路不畅，将会给农户带来巨大损失。此外，类似于种子、化肥、农药的补贴更能够调动农户在谷子产业高质量发展中的参与积极性，也是一种自上而下引导谷子产业实现高质量发展的有效方式。

加工企业对原粮的消纳能力 加工企业对原粮的消纳能力对谷子产业的高质量发展具有正向影响，回归系数为 1.036，在 5％的水平上显著。当其他条件不变时，当地加工企业对原粮的消纳能力每增加 1 个单位，生产经营者在促进谷子产业高质量发展的生产活动中的参与度将会增加2.817个单位，从而提升谷子产业整体的发展质量。加工企业对原粮的消纳能力越强，说明加工技术越成熟，效率越高。生产的原粮都投入了进一步加工中，延长了产业链，增加了产品的附加值，能有效提升产业发展质量。

加工产品类型是否丰富　加工产品类型是否丰富对谷子产业的高质量发展具有正向影响，回归系数为2.571，在1‰的水平上显著。当其他条件不变时，当地谷子加工产品类型的丰富程度每增加1个单位，生产经营者在促进谷子产业高质量发展的生产活动中的参与度将会增加13.083个单位，从而促进谷子产业整体发展质量的提升。加工出来的产品越丰富多样，说明谷子的加工技术越先进，市场需求越旺盛，一定程度上能反映谷子产业的发展达到了比较高的水平。

销售的难易程度　销售的难易程度对谷子产业的高质量发展具有正向影响，回归系数为1.042，在1‰的水平下显著。当其他条件不变时，谷子及其产品销售的难易程度每减少1个单位，生产经营者在促进谷子产业高质量发展的生产活动中的参与度就会增加2.835个单位，从而影响谷子产业的高质量发展。生产谷子及其产品的最终目的是将产品销售出去，获得收益，因此产品销售的难易程度十分重要。销售越容易，农户生产积极性越高；反之，如果销售困难，产品堆积就会严重打击农户的生产积极性，其参与度也会降低。没有高端优质的产品供给，谷子产业的高质量发展就会受到阻碍。

产业链条是否完整　产业链条是否完整对谷子产业的高质量发展具有正向影响，回归系数为1.670，在1‰的水平上显著。当其他条件不变时，产业链的完整度每增加1个单位，生产经营者在促进谷子产业高质量发展的生产活动中的参与度将会增加5.313个单位，从而促进谷子产业发展质量的提升。谷子产业链条越完整越说明整个产业的发展水平越高，产业发展形势向好，农户的参与度也会提高，有了农户选择优质品种栽培、进行标准化生产、提高产品品质、打造知名品牌，谷子产业才能真正实现高质量发展。

产业发展是否有前景　产业发展是否有前景对谷子产业的高质量发展具有正向影响，回归系数为1.907，在1‰的水平下显著。当其他条件不变时，产业发展的前景每增加 1 个单位，生产经营者在促进谷子产业高质量发展的生产活动中的参与度将会增加 6.733 个单位，从而提高谷子产业的发展质量。产业发展前景越好，农户对未来增加收益的信心越强烈，因此越会积极选择优良品种、进行绿色生产保证产品品质、打造产品品牌、进行标准化生产等；反之，如果农户不看好谷子作物的未来发展前景，参与度就会大大降低，供给端出现问题势必会对整个谷子产业的高质量发展产生巨大影响。

本 章 小 结

通过实地的调研和信息收集整理，结果显示，当前在国家及省级层面一系列利好政策下，河北省谷子产业全产业链高质量发展取得了一定的成就。当然从不同角色群体的视域下，仍然还存在着各种各样的问题，诸如生产条件有待改善、农户种植意愿不强、缺乏大型龙头企业和高端加工产品等；产品购销不畅、加工企业利润空间不足、货源质量参差不齐等；小农户经营分散、管理粗放，知名品牌建设滞后，高端产品认证不足等。

谷子生产经营者作为产业高质量发展重要的参与主体，其参与行为对高质量发展的推进及成效发挥着关键性作用。通过构建二元 Logistic 回归模型，结果显示，生产经营者的文化程度、种植规模、种植动机、谷子生产经营收入占家庭总收入的比例、技术培训、政策支持、加工企业对原粮的消纳能力、加工产品是否丰富、销售难易程度、产业链条是否完整和产业发展前景认知"等 11 个因素是影响谷子生产经营者在谷子产业高质量发展中的参与行为，从而最终影响到河北省谷子产业高质量发展。

9 高质量发展背景下河北省谷子产业发展的对策建议

基于上述各部分研究内容呈现出来的谷子全产业链发展中存在的各类问题，针对当前国家级及省级层面对产业高质量发展的要求，对标科技农业、绿色农业、品牌农业以及质量农业"四个农业"和品种培优、品质提升、品牌打造以及标准化生产等农业生产"三品一标"建设，本章内容从稳定生产、优化产业布局，推进品种创新和推广、打造种业高地，创新生产经营模式、提高生产效益，拓展需求、引导居民合理消费，以及对标"三品一标"、统筹谋划产业发展等五个方面提出对策建议。

9.1 稳定生产，优化产业布局

第一，增加谷子种植户补贴，强化政策对谷子生产的引导作用。谷子特殊的生物学特性，决定了其在当前河北省粮食生产中的地位——虽然是一种小宗杂粮作物，但是同时又是一种健康作物、生态作物和扶贫作物，稳定谷子生产对丰富城乡居民饮食、对河北谷子主产区乡村产业振兴和生态环境维护发挥着至关重要的作用。根据前述研究及结果显示，谷子补贴收入是促进农户种植谷子积极性的一种重要手段，对促进种植户参与谷子产业高质量的生产实践也具有显著影响。增加谷子种植户补贴具体可以从以下三个方面开展：一是提高补贴力度，发挥补贴对生产的引导作用。根据当前谷子生产的实际，适度调涨补贴金额，保障补贴对参与谷子生产农户的激励作用。二是扩大补贴范围，丰富补贴种类，尤其是农资及农机具使用补贴。当前农机购置补贴政策主要受益群体是种谷大户或者新型经营主体，而以小型农机需求或雇用农技服务为主的农户，很难从该补贴政策中受益。政府提供农机服务使用补贴，可以减少农户种植谷子生产过程中农机服务方面的投入成本，提高农户使用农机的积极性，进而促进谷子生产机械化水平的提高，使得机械与劳动力相互替代，减轻劳动力工作强度，在提高农户谷子种植积极性的同时又可以促进谷子生产效率水平的提高。三是将谷子生产纳入政策性农业保险范畴。相对于大宗粮食作物而言，谷子旱作的特性决定了其面临的自然灾害风险更大，也是谷子生产年际间波动大的主要原因，将谷子生产纳入政策性农业保险可以一定程度上降低农户承受的风险，稳定农户种植谷子的心态。

第二，通过大规模标准化基地建设，推进谷子产业布局向优势产区集聚。据河北省第三次农业普查资料显示，河北省共有216个县（区、市），其中144个县（区、市）有谷子种植。目前，谷子种植面积在600公顷以上的县区占全部县区的1/3左右，1 500公顷以上的县区仅有18个，总体上呈现散点状布局，这无疑给全省谷子产业管理、政策配套支持以及技术推广等造成很多困难。因此，通过政策倾斜，推进优势产区大规模标准化基地建设和新型经营主体、社会化服务主体培育，打造谷子产业引领地方乡村振兴样板，倒逼其他优势杂粮对非优势产区谷子生产的替代，从而实现谷子扩模提质增效和因区制宜的杂粮优势区布局。

9.2 推进品种创新和推广，促使技术"落地开花"

第一，加强种业创新，实现良种突破。优良品种是夺取高产稳产、实现谷子产业提质增效的关键因素，要从基础出发，综合施策，着力支持谷子育种技术攻关，在保持常规育种和杂交育种优势的同时，不断突破生物育种的技术瓶颈，培育出更加优质、广适、抗除草剂、适合机械化生产、适口性好、竞争力强的谷子优良品种；加强政府、科研单位、种植大户、专业合作社、农业企业等产业主体之间的联系，创建产学研相结合、繁育推一体化的体制机制；鼓励龙头企业做大做强，按照市场导向、产业牵引、技术驱动、利益共享的原则搭建产学研战略合作平台，建立股权合作激励机制，打造有利于自主创新的政策体系和研发生态；积极研发和推广优质高产、抗除草剂、适合机械化作业、满足多元化产品开发、市场认可度高的谷子品种。

第二，创新技术培训机制，构建多元化技术推广体系。技术推广是新品种及其配套栽培管理技术对接农户，跨越新品种新技术落地"最后一公里"的关键一环，培训作为技术推广的最重要的手段在组织方式、实施形式、采取手段等方面日益多样化，但是要突破新品种新技术供给与农户需求之间的断层、专家积极性高与农户无兴趣之间的矛盾等问题，就必须要推进技术培训机制的创新，加大农技推广与培训的资金扶持和政策引导，通过借鉴专家大院、科技小院等模式，努力促成以企业为依托，政府引领、专家领衔、多方主体参与的高效的推广培训体系，并按照市场机制合理建构各利益主体之间利益联结机制，针对不同品种类型、技术类别、不同层次群体，推进公益性推广培训与非公益性推广培训的融合发展。

9.3 创新生产经营模式，提高生产效益

第一，推进土地规模化，提高谷子生产机械化水平。充分利用可流转的土地，推动谷子规模化种植，在此基础上提升谷子生产机械化水平。农业机械对劳动力的有效替代可以大大提升谷子生产的效率和生产管理的水平。具体而言可以从以下两个方面着手：一是根据各地情况，尤其是谷子优势产区的土地利用情况，通过土地流转优化布局谷子产业分布，使其成片成规模经营，为农用机械的使用打好基础；二是通过政策引导和资金扶持大力培育农机服务组织，拓宽农机服务范围。当前谷子生产的农机作业在生产大户和家庭农场比较普遍，但是一般农户机械化水平仍然比较低，即使在谷子主产区很多以商品出售为目的进行生产的谷农也仅仅在诸如耕地、旋地等环节上使用机械，机械收割的比例要比机械耕种低得多，其他的管理环节基本靠人工完成，人力成本投入很高，导致生产效率较低。

第二，培育土地托管组织，促进小农户生产"化零为整"。在土地流转难以推进的地方，可以通过培育土地托管组织，通过对土地的"半托管"或"全托管"的方式将分散在农户手里的小块土地实现生产安排和生产管理的"化零为整"，从而实现在谷种、农资、机械的使用等方面统一调配，既能够有效地降低生产投入成本，又可以提高生产效率、保障谷农的收益水平。

9.4 推进谷子产品供给和需求的多样化，引导居民合理消费

第一，延长谷子产业链，丰富谷子加工产品类型。农产品加工是建设优势特色农业产业的核心问题，初级加工产品附加值低，不能满足当前消费者多样的消费需求，也难以打造高端品牌，因此，实现谷子产业的高质量发展要注重谷子的精深加工，以市场上多样化、差异化的需求为导向，加强政府、科研单位与当地龙头企业的合作，扶持龙头企业做大做强，不断提升相关产品的研发和加工水平，将具有地方特色的深加工产品投入工业化生产。同时打造高端精品，一方面在研究谷子营养价值和加工特性的基础上，结合现代食品加工技术，在主食食品、方便食品等方面研发能够满足人们对口感、营养、便利等多方面需求的产品，比如小米营养粉、宝宝米、月子米、养生粥等，能够满足特殊人群需求的营养产品；另一方面考虑谷子的深层营养机理，研发高附加值的谷子功能食品、药膳食品、化妆品等，促进高附加值谷子制品的开发。另外，还可以推动谷子的多元化利用，加强谷子饲草加工技术研究，研制奶牛、肉牛饲料产品和鸟类饲料产品等特色化产品，为谷子产品的产业化开发开辟新途径，通过加工增值，扩大加工企业盈利空间，增强产业发展活力，从而提升谷子产业发展质量。

第二，加大宣传力度，提高谷子产品认知度。城乡居民对谷子产品的认知是其消费需求产生的前提条件。谷子产品虽然越来越受到消费者的青睐，但是相当一部分居民对谷子产品的认知仍然停留在对其初级加工产品小米的认知，导致其加工品知名度较低，市场份额小，消费总量不足。深层次的缘由在于缺乏有效的宣传手段，宣传力度较低。前述研究表明，谷子产品的宣传对居民的谷子产品消费行为具有显著的正向影响，也就是说对谷子产品了解越多的人，其消费谷子产品的倾向性越强。消费心理学指出，当受到外部因素的刺激时，居民的消费欲望也会相应地被激发，从而会产生相应的购买行为。因此，加大对谷子产品的宣传力度有助于更好地促进居民消费行为的发生。具体做法：一是相关部门及企业要充分发挥主流媒体的影响作用，提高居民对谷子产品有关知识的认知，例如可以通过

谷子产品展览、谷子产品推介会、宣传画册或者实地体验谷子产品生产加工等，让居民更加直观地了解到各种各样的谷子产品，提高对多样化谷子产品的认知；二是利用谷子背后所蕴含的文化内涵和历史背景，增进人们对谷子产品的了解、信任和好感，同时也可以在超市、零售店等一般购物场所放置相关的宣传单和产品知识说明；三是充分利用当前新媒体渠道，更直观地将产品信息推送到消费者眼前，诱发消费者对产品的消费刺激。

第三，实施产品定位战略，刺激形成多样化的产品需求。前文研究已表明，不同群体对谷子产品的消费偏好有所不同，需求的目的也存在差异，比如自我消费的偏多、礼品用的偏少等，这也说明谷子产品需求尚有拓展的空间。企业应针对不同类型、不同层次的人群需求特征进行研究，瞄准市场上消费者对食品消费的热点进行产品研发和定位，通过刺激需求推进特定产品消费从无到有、从少到多的跨越。实施产品定位策略，就是将居民划分为不同的消费群体，以目标顾客为导向，针对性地打造差异化产品。比如，行业内的优势企业可以利用其各方面的资源，在保证产品品质的前提下，开发品牌高端、包装精美的谷子产品，做成体面的"高端礼品盒"，满足中国人"走亲串友"的需求，从而刺激部分可能曾经没有谷子产品消费经历的人群进入本企业产品的消费群体；还可以将谷子产品打造成营养保健产品，刺激老年群体对谷子产品的消费增长等。

9.5 对标"三品一标"，统筹谋划产业发展

第一，做好产业发展规划，逐步推进优质原粮基地建设。按照品种培优、品质提升、品牌打造和标准化生产"三品一标"的要求提前进行谷子产业发展的年度及短期发展规划。具体来说，一是确定未来几年谷子品种选育的主攻方向，重点投入经费和人力进行攻关；二是提前谋划、征集和筛选下一年度生产上要主推的谷子品种和配套技术，争取做到优中选优，保障优秀的科研成果真正落地开花；三是以主推品种和技术的研发单位为核心，引导种子（销售）企业、地方农业部门推广机构、谷子生产经营企业和相关科研院所的科技人员积极参与，搭建技术扩散平台，同时做好技术应用的信息采集工作；四是对谷子产业发展总体情况和新技术应用情况进行跟踪评价；五是做好全省谷子产业布局的年度规划，尽量安排主推谷

子新品种新技术向适宜的优势产区集中布局，持续推进规模化优质原粮基地的建设，为谷子产业高质量发展的生产端打好基础。

第二，推进良种良法配套，推进标准化生产技术规程的落地实施。标准化的生产需要标准化的生产技术来支撑，因此要打破传统谷子生产凭经验粗放经营的惯性，每一个主推品种、每一块生产基地要根据品种特点、当地的土壤地理条件和气候类型来制定具体化标准化的生产技术规程，并对生产经营者普及到位、监督到位，最大程度上保障生产的谷子产品在品相、口感、千粒重等各质量特征上的一致性。

第三，凝聚力量打造知名品牌，推进河北小米"遍地生根"。品牌是彰显一个产品美誉度、知名度和竞争力的重要表征，品牌建设更是谷子产品实现"溢价效应"、提档升级的重要着手。2022年在河北省农业农村厅和相关单位、企业的共同努力下，"河北小米"省域公用品牌发布，并首次遴选了"河北十大优质品牌小米"，向消费者充分展示了河北小米品牌的形象与实力，这是河北省谷子产业发展史上一个重要的里程碑。但是，这只是推进品牌建设的一个起点工程，在品牌建设上尚需要政府、科研机构、生产经营和加工企业等多方群体参与，形成合力，长期不懈地共同努力，才能真正让"河北小米"走出河北，遍及大江南北，遍地生根。在这个过程中，政府端的引导和支持，研发端的良种良法，生产端标准化、高品质的原粮品质，以及加工端营养、美味、多样化的产品设计、供给和宣传缺一不可。另外，河北地理生态类型区具有复杂多样的特点，建设河北小米的知名品牌，要依托区域优势特色资源，省域内也要开展差异化品牌建设，突出不同类型小米产品特色，坚持市场导向，迎合不同类型消费者需求，通过仔细梳理、深挖谷子产业生态、历史、文化、技术、产品特色等优势，提炼品牌独特的价值体系，创作独具特色的品牌故事。同时，努力拓展品牌宣传渠道，依托报刊书籍、高铁高速公路广告牌等线下渠道和电视广告、微信公众号、抖音短视频等线上渠道加强对品牌的宣传，积极参与国内小米品牌交流会、博览会、展销会等活动，提高"河北小米"的知名度和影响力。

参考文献
REFERENCES

安淑新，2018. 促进经济高质量发展的路径研究：一个文献综述 [J]. 当代经济管理，40
　　（9）：11 - 17.

曹永生，2021. 果业高质量发展的内涵和路径 [J]. 中国果树（4）：1 - 3.

曹泽文，2017. 消费者对赣南脐橙质量认知水平及购买行为的调查分析 [D]. 南昌：江西
　　财经大学.

陈靓，2017. 内蒙古库伦镇城镇居民荞麦产品消费意愿调查研究 [D]. 沈阳：沈阳农业
　　大学.

陈丽，郭计欣，杨玉锐，2016. 黑龙港流域春玉米节水灌溉制度研究 [J]. 农业科技通讯
　　（7）：49 - 52.

陈晓雪，时大红，2019. 我国 30 个省市社会经济高质量发展的综合评价及差异性研究
　　[J]. 济南大学学报（社会科学版）（4）：100 - 113，159 - 160.

陈鑫，2019. 绿色农产品消费行为及其影响因素研究——基于上海市消费者的调查 [J].
　　黑龙江畜牧兽医（8）：20 - 23.

程汝宏，师志刚，刘正理，等，2010. 谷子简化栽培技术研究进展与发展方向 [J]. 河北
　　农业科学，14（11）：1 - 4.

程思远，2021. 黑龙港地区油葵综合效益评价研究 [D]. 保定：河北农业大学.

程亚男，2019. 黑龙港地区水资源承载力评估与分析 [D]. 保定：河北大学.

德尼·古莱，2003. 发展伦理学"前言" [M]. 北京：社会科学文献出版社：140.

杜亚军，2016. 小米糠深加工研究进展 [J]. 粮食与饲料工业（3）：31 - 34，39.

方大春，马为彪，2019. 中国省际高质量发展的测度及时空特征 [J]. 区域经济评论
　　（2）：61 - 70.

冯俏彬，2018. 我国经济高质量发展的五大特征与五大途径 [J]. 中国党政干部论
　　坛（1）.

谷洪波，吴闯，2019. 我国中部六省农业高质量发展评价研究 [J]. 云南农业大学学报
　　（社会科学）（6）：74 - 82.

郭晋襄，李志华，李会霞，等，2014. 我国谷子生产中存在的问题及未来发展方向 [J].
　　中国种业（3）：16 - 18.

郭连伟，2021. 燕赵谷香满天下——聚焦河北省优质谷子产业集群建设 ［J］. 河北农业
　（10）：22 - 23.

韩雷，钟静芙，2021. 高质量发展的内涵解读、理论框架及实现路径 ［J］. 湘潭大学学报
　（哲学社会科学版），45（6）：39 - 45.

郝彦珍，2012. 黑龙港砂土区农用地下水资源合理利用试验研究 ［D］. 石家庄：石家庄经
　济学院.

胡红，李新辉，2021. 海河流域抗旱能力研究——以黑龙港流域为试点 ［J］. 海河水利
　（2）：67 - 70.

胡敏，2018. 高质量发展要有高质量考评 ［N］. 中国经济时报，01 - 28.

胡永青，李玲，钱程，2019. 河北省谷子产业发展的思考 ［J］. 河北农业（6）：49 - 51.

胡雨苏，2016. 北京市居民蔬菜消费行为及影响因素分析 ［D］. 北京：北京农学院.

靳晋峰，2019. 山西陵川县谷子产业的发展现状、问题与措施 ［J］. 农业工程技术，39
　（23）：24 - 25.

卡马耶夫（B. A. Ka Mae），陈华山译，1983. 经济增长的速度和质量 ［M］. 武汉：湖北
　人民出版社：19 - 25.

黎新伍，徐书彬，2020. 基于新发展理念的农业高质量发展水平测度及其空间分布特征研
　究 ［J］. 江西财经大学学报（6）：78 - 94.

李海峰，2018. 农业供给侧结构改革背景下安阳市谷子产业发展思路 ［J］. 乡村科技
　（15）：35 - 36.

李金昌，史龙梅，徐蔼婷，2019. 高质量发展评价指标体系探讨 ［J］. 统计研究，36
　（1）：4 - 14.

李立，2019. 河北省居民牛肉消费行为研究 ［D］. 保定：河北农业大学.

李青，2016. 沁县沁州黄小米产业发展研究 ［D］. 太原：山西农业大学.

李顺国，刘恩魁，2021. 武安谷子产业高质量发展取得新成效 ［N］. 河北农民报，11 - 23
　（002）.

李顺国，刘斐，刘猛，等，2014. 我国谷子产业现状、发展趋势及对策建议 ［J］. 农业现
　代化研究，35（5）：531 - 535.

李顺国，刘猛，赵宇，等，2012. 河北省谷子产业现状和技术需求及发展对策 ［J］. 农业
　现代化研究，33（3）：286 - 289.

李伟，2018. 高质量发展的六大内涵 ［J］. 中国总会计师（2）.

李文瑛，李崇光，肖小勇，2018. 基于刺激—反应理论的有机食品购买行为研究——以有
　机猪肉消费为例 ［J］. 华东经济管理，32（6）：171 - 178.

李瑜辉，郭二虎，范惠萍，等，2019. 谷子产业发展研讨 ［J］. 现代农业科技（22）：28 -
　29.

李玉勤，张蕙杰，2013. 消费者杂粮消费意愿及影响因素分析——以武汉市消费者为例

[J]. 农业技术经济（7）：100-109.

林兆木，2018. 关于我国经济高质量发展的几点认识［N］. 人民日报，01-17.

刘恩魁，贺新华，连启超，2021. 武安市高质量驱动谷子产业集群做大做强［J］. 河北农业（10）：28-29.

刘斐，刘猛，赵宇，等，2015. 城镇居民小米消费影响因素实证分析——以石家庄市为例［J］. 中国食物与营养，21（3）：41-46.

刘猛，刘斐，夏雪岩，等，2018. 农户对豫谷18新品种的采用行为及影响因素［J］. 贵州农业科学，46（3）：167-170.

刘猛，刘斐，夏雪岩，等，2016. 自然降雨与旱地谷子单产水平关系研究——以武市为例［J］. 中国农业资源与区划，37（9）：48-52.

刘琪，2020. 延吉市城镇消费者对于杂粮食品的消费意愿及影响因素［J］. 现代农业研究，26（3）：51-52.

刘涛，李继霞，霍静娟，2020. 中国农业高质量发展的时空格局与影响因素［J］. 干旱区资源与环境，34（10）：1-8.

刘迎秋，2018. 四大对策应对高质量发展四大挑战［N］. 中华工商时报，01-23.

刘志彪，2018. 强化实体经济推动高质量发展［J］. 产业经济评论（2）：5-9.

路燕，赵博，田云峰，2021. 加快农业科技创新　赋能农业高质量发展［J］. 农业科技管理，40（2）：15-17+27.

罗菲，周谷珍，2020. 产品属性对绿色农产品购买行为的影响——认知的调节作用［J］. 中国食物与营养，26（12）：35-40.

马玉华，2019. 谷子生产及加工探讨［J］. 园艺与种苗（1）：42-43.

马玥，2021. 河北省谷子种植户品种选择行为的影响因素研究［D］. 保定：河北农业大学.

秋缬滢，2018. 切实抓好生态环境保护这个高质量发展的基础工程［J］. 环境保护，46（Z1）：7.

任保平，王薇，2021. "十三五"中国经济发展绩效及"十四五"新发展格局的构建［J］. 统计与信息论坛，36（1）：22-31.

任慧，2019. 河北省食用菌消费者行为的影响因素研究［D］. 保定：河北农业大学.

孙江超，2019. 我国农业高质量发展导向及政策建议［J］. 管理学刊（6）：28-35.

谭悦，马嘉艺，2018. 消费者对于小杂粮的消费意愿及影响因素［J］. 农家参谋（20）：273.

陶雯，2012. 农户青虾新品种采纳行为及其影响因素分析［D］. 南京农业大学.

田秋生，2018. 高质量发展的理论内涵和实践要求［J］. 山东大学学报（哲学社会科学版）（6）：1-8.

王珺，2017. 以高质量发展推进新时代经济建设［J］. 南方经济（10）：1-2.

王强，孙晓明，宋玉丽，等，2000. 小米资源的开发利用［J］. 中国食物与营养（6）：26-

27.

王瑞峰，刘卿卿，王红蕾，等，2020. 中国粮食产业高质量发展实现路径研究［J］. 北方园艺（15）：161－170.

王帅，刘子贤，张旭，等，2020. 河北省城镇居民乳制品线上消费行为调查研究［J］. 黑龙江畜牧兽医（8）：29－32.

王兴国，曲海燕，2020. 科技创新推动农业高质量发展的思路与建议［J］. 学习与探索（11）：120－127.

王一鸣，2018. 高质量发展开启新的历史进程［J］. 新经济导刊（5）：38－41.

王一鸣，2018. 推动高质量发展取得新进展［J］. 现代企业（4）：4－5.

王逸涵，张春玲，辛迪，等，2021. 河北优质谷子产业集群建设进行时［J］. 河北农业（10）：24－25.

文璐，2021. 共推产业链建设　引领农业高质量发展［N］. 中国城乡金融报，05－05. B01.

武慧倩，2020. 大同地区谷子产业发展现状及问题［J］. 农业技术与装备（6）：37－38.

夏显力，陈哲，张慧利，等，2019. 农业高质量发展：数字赋能与实现路径［J］. 中国农村经济（12）：2－15.

项洪涛，冯延江，郑殿峰，等，2018. 黑龙江省杂粮产业现状及发展对策［J］. 中国农学通报，34（6）：149－155.

辛岭，安晓宁，2019. 我国农业高质量发展评价体系构建与测度分析［J］. 经济纵横（5）：109－118.

熊恩洋，2016. 乌鲁木齐市居民保健食品消费行为及影响因素研究［D］. 乌鲁木齐：新疆农业大学.

徐现祥，李书娟，王贤彬，等，2018. 中国经济增长目标的选择：以高质量发展终结"崩溃论"［J］. 世界经济（10）.

许思雨，薛鹏，2019. 中国经济高质量发展的内涵与评判：一个文献综述［J］. 商业经济（5）：132－134.

薛庆锋，徐九文，王金艳，2019. 河南省谷子产业发展研究［J］. 农业·农村·农民（11）：59－60.

薛薇，2011. 基于 SPSS 的数据分析［M］. 北京：中国人民大学出版社：261－264.

亚诺什·科尔奈，1988. 突进与和谐的增长［M］. 张晓光，潘佐红，靳平，等译. 北京：经济科学出版社.

杨瑞龙，2018. 四十年我国市场化进程的经济学分析——兼论中国模式与中国经济学的构建［J］. 经济理论与经济管理（11）.

杨伟民，2018. 贯彻中央经济工作会议精神推动高质量发展［J］. 宏观经济管理（2）.

余泳泽，杨晓章，张少辉，2019. 中国经济由高速增长向高质量发展的时空转换特征研究

[J]. 数量经济技术经济研究（6）.

张博雅，2019. 长江经济带高质量发展评价指标体系研究 [D]. 合肥：安徽大学.

张军扩，侯永志，刘培林，等，2019. 高质量发展的目标要求和战略路径 [J]. 管理世界（7）.

张立群，2017. 中国经济发展和民生改善进入高质量时代 [J]. 人民论坛（35）：66 - 67.

张琳，冯捷，2020. 居民消费扩容提质的人口年龄结构效应研究——基于城镇和农村的比较 [J]. 商业经济研究（15）：48 - 51.

张露，罗必良，2020. 中国农业的高质量发展：本质规定与策略选择 [J]. 天津社会科学（5）：84 - 92.

张钦超，2019. 山西消费者红枣消费意愿及影响因素分析 [D]. 太谷：山西农业大学.

张珊珊，2017. 乳制品品牌的消费者支付意愿影响因素研究 [D]. 广州：华南农业大学.

张晓，2017. 浅议河北省黑龙港流域节水农业发展 [J]. 河北水利（11）：30.

张雪峰，2013. 中国谷子产业发展问题研究 [D]. 哈尔滨：东北农业大学.

张云，刘斐，王慧军，2013. 谷子产业与文化融合发展新探 [J]. 产经评论，4（1）：56 - 62.

赵昌文，2017. 推动我国经济实现高质量发展 [N]. 学习时报，12 - 25（1）.

赵大全，2018. 实现经济高质量发展的思考与建议 [J]. 经济研究参考（1）：7 - 9，48.

赵凤萍，2021. 我国居民消费习惯效应的城乡二元性及互联网调节作用 [J]. 商业经济研究（1）：36 - 39.

赵文庆，2019. 农户采用酿酒高粱新品种影响因素分析 [D]. 石家庄：河北科技师范学院.

中国主要农作物需水量等值线图协作组，1993. 中国主要农作物需水量等值线图研究 [M]. 北京：中国农业科技出版社.

Dube M, 2021. Pearl millet as a sustainable alternative cereal for novel value - added products in sub - saharan africa: A review [J]. Agricultural Reviews, 42（2）: 240 - 244.

Elena A Smirnova, Marina V Postnova, 2020. Increasing labor productivity as the major line of agricultural industry development [J]. BIO Web of Conferences, 17: 207.

Keith Phiri, Thulani Dube, Philani Moyo, et al. , 2019. Small grains "resistance"? Making sense of Zimbabwean smallholder farmers'cropping choices and patterns within a climate change context [J]. Cogent Social Sciences, 5（1）: 1622485 - 1622485.

Kuswardhani N, Sari F N, Wibowo Y, 2019. Identification of potential locations and factors for coffee agro - industry development in Argopuro mountain, Jember [J]. IOP Conference Series: Earth and Environmental Science, 250（1）: 012065.

Lancaster, Kelvin J, 1966. A new approach to consumer theory [J]. Journal of Political Economy, 74（2）: 132 - 157.

Lucas Robert E, 1988. On the mechanics of economic development [J]. Journal of Monetary Economics，22（1）：3-42.

Lukpanova Z，Toyzhigitova Z，Alina G，et al. ，2020. Influence of financial and climate factors on agricultural industry development ［J］. Journal of Environmental Management and Tourism，11（7）：1813-1828.

Mapfumo Alexander，2017. Food security amongst small grains and long grains smallholder farmers of masvingo province in zimbabwe ［J］. Journal of Social Economics Research，4（2）：22-30.

Muzerengi Tapiwa，Tirivangasi Happy M，2019. Small grain production as an adaptive strategy to climate change in Mangwe District，Matabeleland South in Zimbabwe ［J］. Jamba（Potchefstroom，South Africa），11（1）：652.

Nelson P，1970. Information and consumer behavior ［J］. Journal of Political Economy，78（2）：311-329.

Pravallika D R，Dayakar B，Seema R，et al. ，2020. Market strategies for promotion of millets：A critical analysis on assessment of market potential of ready to eat（RTE）and ready to cook（RTC）millet based products in hyderabad ［J］. Asian Journal of Agricultural Extension，Economics & Sociology：147-155.

Sahoo Minati，Samantaray Dibyajyoti，2021. Millet cultivation and food security in tribal region of Odisha，India：A Microlevel Analysis ［J］. Asian Journal of Water，Environment and Pollution，18（1）：51-57.

Shonisani Eugenia Ramashia，Tonna Ashim Anyasi，Eastonce Tend Gwata，et al. ，2019. Processing，nutritional composition and health benefits of finger millet in sub-saharan Africa ［J］. Food Science and Technology，39：253-266.

Vadapally Mounika，Ganesh Kumar B，Seema，et al. ，2020. Study on consumer buying behavior，awareness and preference for A2 milk in Hyderabad，India ［J］. Asian Journal of Agricultural Extension，Economics & Sociology：21-29.

后　记
POSTSCRIPT

　　本书为河北农业大学经济管理学院董海荣承担的河北省现代农业产业技术体系杂粮杂豆产业经济与政策研究项目（项目编号：HBCT2018070301 和 HBCT2023050301）的部分成果。值此收笔之际，特别感谢河北省农业农村厅和河北省财政厅对此项目给予的资金方面的支持。

　　2018 年伊始，承担河北省现代农业产业技术体系杂粮杂豆产业经济与政策研究工作以来，辗转已过 6 载，团队中的各位老师及研究生在产业调研、信息采集和报告撰写等各方面给予了太多太多的支持和帮助。烈日下一起徜徉乡下田间小路追逐农民朋友的脚步、暴雨中擎伞驻足参观、办公室里头脑风暴讨论问题，一场场一幕幕仍在眼前。这个小小的成果，虽然只是个人在整理，但是在这里我由衷地感谢本团队的所有成员，他们分别是河北农业大学经济管理学院刘丽教授、胡建副教授、桑振博士、刘畅博士、石国华博士，河北省农林科学院农业信息与经济研究所张新仕副研究员，以及侯金慧、马玥、周华、刘萌、崔硕、杨祎娜、张国梅、刘佳、李柳洋、朱泽浩、桂松、孙蕊、白颖、张菀麟等研究生和本科生同学，他们在信息收集、资料整理和绘图、写作等方面都给予了莫大的支持。

　　本研究在信息获取方面还得到了河北省现代农业产业技术体系杂粮杂豆创新团队首席师志刚教授以及张婷研究员、王晓明研究员、吕芃研究员、张新军副研究员、范宝杰研究员、张伟教授、李明哲教授、冯小磊副研究员、林小虎教授、王建伟农艺师等各岗位专家和试验站长的支持，在此一并表示感谢！尤其感谢河北省农业农村厅种植业处严春晓处长、董海岳副处长和科教处郑福禄副处长，以及河北省农林科学院王慧军院长、刘孟朝处长、程汝宏所长、李顺国研究员、田静研究员等，他们在每次考核汇报中的建议，对于我在写作过程中一些重要内容的设计和对很多问题的拆解起到了画龙点睛的作用。

最后，也感谢河北农业大学给予我支持和帮助的各位领导和同事们，有了大家的一贯支持，前行的路上才会风雨无阻。